Reconstruye
tu propia historia

Ian Morgan Cron

Reconstruye
tu propia historia

Un recorrido con el eneagrama
que te llevará a convertirte
en tu verdadero yo

EDICIONES OBELISCO

Si este libro le ha interesado y desea que le mantengamos informado de nuestras publicaciones, escríbanos indicándonos qué temas son de su interés (Astrología, Autoayuda, Ciencias Ocultas, Artes Marciales, Naturismo, Espiritualidad, Tradición…) y gustosamente le complaceremos.

Puede consultar nuestro catálogo en www.edicionesobelisco.com

Colección Psicología
RECONSTRUYE TU PROPIA HISTORIA
Ian Morgan Cron

1.ª edición: marzo de 2025

Título original: *The Story of you.*
An Enneagram Journey to Becoming Your True Self

Traducción: *Antonio Cutanda*
Corrección: *Sara Moreno*
Diseño de cubierta: *Enrique Iborra*

© 2021, Ian Morgan Cron,
Publicado por acuerdo con HarperOne,
sello editorial de HarperCollins Publishers
(Reservados todos los derechos)
© 2025, Ediciones Obelisco, S.L.
(Reservados los derechos para la presente edición)

Edita: Ediciones Obelisco, S.L.
Collita, 23-25. Pol. Ind. Molí de la Bastida
08191 Rubí - Barcelona - España
Tel. 93 309 85 25
E-mail: info@edicionesobelisco.com

ISBN: 978-84-1172-240-7
DL B 20408-2024

Impreso en los talleres gráficos de Romanyà/Valls S.A.
Verdaguer, 1 - 08786 Capellades - Barcelona

Printed in Spain

Para Cail, Madeleine y Aidan.
Gracias por bendecir mi historia.

1

Las historias que nos contamos

Reconocer el mito que eres

«El universo está hecho de historias, no de átomos».
—Muriel Rukeyser

El día en que me obligué a asistir a mi primera reunión del sistema de doce pasos para personas que luchan contra sus adicciones, me sentí más cohibido que un bastardo en una reunión familiar. Como ocurre con la mayoría de los recién llegados, que se sienten avergonzados y que temen recibir un no por respuesta, me daba vergüenza pedirle a alguien que fuera mi mentor.

Pero allí estaba aquel tipo.

Jack, un sacerdote episcopal jubilado de 75 años, terapeuta, era un superhéroe de la recuperación. Cada vez que intervenía en las reuniones, su irónico sentido del humor y su sabiduría ganada a pulso se hacían evidentes para todo el mundo. Era un faro de esperanza para aquéllos de nosotros que nos habíamos ganado un asiento en «las salas». Una noche, tras una reunión, me armé de valor para presentarme a él y preguntarle si podría tomarme bajo su dirección.

El rostro de Jack se suavizó, y una sonrisa apareció más allá de sus ojos.

—¿Cuánto tiempo hace que dejaste de beber o de drogarte? –preguntó.

—Dos semanas –dije bajando la mirada.

—¡Felicidades! –dijo, mientras me echaba los brazos alrededor y me abrazaba con tanta fuerza que pensé que me iba a romper una costilla–. ¡Yo me ocuparé de ti!

Con Jack como mentor, mis dos semanas de sobriedad se convirtieron en un mes, y luego en dos; y, antes de que me pudiera dar cuenta, me dieron mi distintivo de los tres meses. Mi vida iba viento en popa hasta que Jack me soltó una bomba en una de nuestras reuniones semanales de los domingos por la mañana en el Café Colonial.

—Te he inscrito para que compartas tu historia la semana que viene en la reunión de oradores del domingo por la noche –dijo, mientras se echaba dos sobrecitos de azúcar en el café.

Los grupos de recuperación ofrecen distintos formatos de reuniones. En la reunión de oradores, siempre hay una persona que comparte su historia; cómo era su vida antes de consumir sustancias y mientras las estuvo consumiendo, y la «experiencia, fortaleza y esperanza» que encontró en el programa y el trabajo de los doce pasos. Es algo así como uno de esos testimonios personales que puedes escuchar en una iglesia baptista, sólo que en borracho.

—Jack, si te hubiera dado un derrame cerebral, me lo dirías, ¿verdad? –dije, sólo medio en broma.

—No, ¿por qué lo preguntas? –dijo Jack, levantando una ceja.

—Porque sólo llevo tres meses sobrio. ¡No estoy preparado!

—No te piden que hagas un discurso de investidura en el Parlamento –dijo entre risas.

Durante los siguientes treinta minutos, estuve pronunciando excusas poco convincentes, una tras otra, para no contar mi historia en aquella reunión, pero Jack no cedió ni un milímetro. Resignándome a mi destino, me levanté y le tendí la mano por encima de la mesa forrada de formica.

—Nos vemos el domingo –murmuré, recogiendo mi cazadora y dirigiéndome a la puerta.

—Ve a cinco reuniones esta semana –me dijo Jack.

Sin darme la vuelta, le dije adiós con la mano.

—Sí, ya sé.

Durante los siguientes siete días, escribí y eché a la papelera al menos una docena de borradores de la historia de mi vida. Durante mi última juerga farmacéutica, yo había sufrido una serie de ataques de pánico, y seguía aterrorizado ante la idea de perder el control en público. Pero me maté a trabajar hasta que conseguí elaborar un borrador aceptable de mis desventuras químicas y lo ensayé a conciencia, ignorando las películas que tenía en la cabeza con vómitos tipo aspersor e imágenes de *El grito* de Edvard Munch.

Aquel domingo por la noche me planté ante doscientas personas y les conté «mi propia historia», al menos tal como la veía en aquella época. Expliqué que me había sentido siempre como «un triste huésped sobre la tierra oscura».[1] Estaba convencido de que carecía de algo en mi interior que todos los demás parecían tener; me sentía como un estudiante universitario de primer curso que se hubiera perdido la semana de orientación y no supiera moverse por el campus como el resto de la gente. Enumeré la larga lista de razones por las que mi autoestima estaba hecha unos zorros, incluyendo el fallecimiento de mi padre debido al alcoholismo y que aún hoy daría cualquier cosa por creer que no soy responsable de que no me quisiera. Después conté cómo me sentí cuando bebí por vez primera, sintiéndome por fin a gusto en mi propia piel, en mi lugar, cómodo en el mundo…, salvo por el hecho de que, por aquel entonces, mi vida era algo así como *El castillo de cristal* y *El príncipe de las mareas*, sólo que menos esperanzadora.

Pero, cuando terminó la reunión, me sentí como una celebridad. Los asistentes, uno tras otro, venían a decirme con qué parte del relato se habían sentido más identificados, y venían a darme las gracias por haber compartido un relato tan íntimo. Cuando el último de los asistentes se marchó, me quedé a plegar y apilar las sillas, a lavar las tazas del café y me fui, con Jack de copiloto, en mi Toyota Corolla.

—Lo hiciste muy bien esta noche –dijo él, bajando la ventanilla para que saliera el humo de su tradicional puro cubano.

---

1. De la traducción de Robert Bly del poema de Johann Wolfgang von Goethe, «Holy Longing» (Feliz anhelo), en *Eight Stages of Translation: With a Selection of Poems and Translations*. Rowan Tree, Chicago, 1983.

—Gracias –dije, aliviado por haber terminado mi primer intento por compartir el viaje de mi vida.

—Es curioso –dijo Jack en tono reflexivo–. Mientras hablabas, me puse a pensar en las chifladas historias que nos inventamos para darle un sentido a nuestra vida.

Y se quedó mirando el humo de su puro, viendo cómo se elevaba y salía por la ventanilla, perdido en sus reflexiones.

Cuando me detuve delante de la casa de Jack, me felicitó una vez más por mi charla y salió del auto, inseguro sobre sus desgastadas rodillas. Estaba a punto de poner la marcha y partir cuando, de pronto, se dio la vuelta.

—Una cosa más –dijo, inclinándose para hablarme a través de la ventanilla–. ¿Te has preguntado alguna vez si estás viviendo en una historia equivocada?

—Mmm, no –dije, intentando no fruncir el ceño.

—Quizás podrías hacerlo –dijo Jack, dando dos golpecitos con la mano sobre el techo de mi auto.

Luego, se dio la vuelta y se alejó, renqueante, en dirección a la puerta de su casa, desapareciendo en la oscuridad de la noche.

El poder del eneagrama

Yo tenía 27 años cuando Jack me hizo esa pregunta. Por aquel entonces la desestimé por parecerme una pregunta extraña que sólo un terapeuta septuagenario podría plantear, pasada su hora de irse a la cama.

Pero, actualmente, considero que aquella pregunta de Jack fue crucial para cambiar la falsa historia que yo me contaba a mí mismo acerca de quién era yo, una historia que me había servido para dar sentido a una infancia dolorosa, pero que terminó convirtiéndose en un obstáculo para mi crecimiento como adulto.

Mi vieja historia quedó plasmada en una instantánea que aún conservo de cuando era pequeño y estaba en la playa con mi familia. En esta foto, estoy sentado en un bote salvavidas varado en la arena, saludando a la cámara y riendo. Recuerdo que fue un soleado y hermoso día. Estoy entrecerrando los ojos por la intensa luz, y todo el mundo detrás luce unas RayBan, tostándose al Sol mientras su piel morena brilla con el típico aceite bronceador tropical hawaiano. Lo que me resulta irónico de esta foto es que estoy en un bote salvavidas. Mi familia se perdió en el mar en aquellos tiempos y, aunque era un niño, recuerdo la sensación de que mis hermanos y yo vivíamos oprimidos bajo un cielo plomizo. Nuestro atribulado padre estaba hundiendo nuestro barco.

Quince años después, yo era un bebedor empedernido al que mis amigos en Young Life[2] perseguían al verme como un valioso proyecto de evangelización. Pero yo no quería tener nada que ver con Dios. En mi infancia lo amaba con todo mi corazón, pero cuando crecí pensé que me había abandonado en una familia enloquecida. Ante mí se extendía toda una vida de vergüenzas, agobiado por el anhelo de ser visto y querido, un anhelo que temía no satisfacer jamás.

Cuando comencé a trabajar en mis problemas, pasados los veinte años, los brotes verdes de una nueva historia comenzaron a emerger del suelo. Me llevó muchos años de esfuerzos y de oración construir una nueva narrativa; pero, actualmente, cuando me miro en el espejo, veo a un marido y padre sobrio, un sacerdote episcopaliano, un terapeuta y un escritor.

Donde estuvo mi viejo yo, ahora hay un nuevo yo.

Donde había temor y vergüenza, ahora hay dignidad.

Donde antes faltaba una pieza innombrable que todo el mundo tenía pero yo no, ahora existe la certeza de que no falta nada en mi interior.

Donde había soledad y abandono, ahora hay una comunidad amable y estimulante que afirma mis dones.

Donde hubo una triste resignación, ahora existe la serena aceptación de que la vida es dura, pero que rebosa al mismo tiempo de gracia y belleza.

Y donde no había sentido alguno, ahora existe la certeza de que seguiré tomando cuanto viva para ponerlo al servicio del amor divino en un mundo desgarrado.

---

2. Organización cristiana evangélica que se dedica a la evangelización de adolescentes y jóvenes. (N. del T.)

Sin embargo, llegué a otro punto crucial en mi vida cuando descubrí el eneagrama, pues me ayudó a darle sentido a esta dramática diferencia entre el antes y el después en mi existencia. Aún más importante –y ésta es la clave de todo el libro–, el eneagrama me enseñó qué alimentaba y mantenía mi vieja historia, y qué tenía que hacer para dirigirme hacia mi nueva narrativa. La transformación, en sí, fue todo gracia, pero era yo quien tenía que decidir si me resistía a ella o la recibía. Hubiera deseado haber conocido el eneagrama cuando comencé el sendero que me llevó a escribir una nueva historia de mí mismo. Me habría ahorrado mucho tiempo.

Tradicionalmente, el eneagrama es un sistema de tipos de personalidad que nos facilita el cultivo del autoconocimiento. (Para saber más sobre el eneagrama, y para hacer un test con el que determinar tu tipo de personalidad, visita mi página web, ianmorgancron.com) Yo soy un Cuatro en el eneagrama, que es uno de los nueve tipos que se describen en este sistema *(ennea* es la raíz griega de la palabra «nueve»). Calificados como Románticos, los Cuatros son personas creativas, imaginativas, sensibles y empáticas, que sintonizan fácilmente con la belleza y la estética. Suena bien, ¿verdad? Pero, al igual que todos los demás tipos del eneagrama, los Cuatros tienen un lado oscuro, que incluye una a veces excesiva emotividad, el miedo al abandono y la creencia de que tienen deficiencias irremediables, entre otras cosas.

A lo largo de los años he aprendido que el eneagrama es una valiosa herramienta a la hora de comprenderme a mí mismo y de comprender a los demás. Cuando lo descubrí, durante una época complicada de mi vida, me sorprendió mucho lo bien que describía mi manera de moverme por el mundo, de modo que me convertí en un devoto estudiante de este antiguo, e increíblemente preciso, sistema de personalidad.

Y, con el incremento de mi fascinación y valoración de esta herramienta, terminé escribiendo un libro sobre ella, junto con Suzanne Stabile, *The Road Back to You* (El camino de regreso a ti). También puse en marcha un pódcast *(Typology)* en el cual exploro el misterio de la personalidad humana a través de las lentes del eneagrama.[3] En las pági-

---

3. CRON, I. A. y STABILE, S.: *The Road Back to You: An Enneagram Journey to Self-Discovery* (El camino de regreso a ti: Un viaje por el eneagrama hacia el

nas que vienen a continuación, conocerás a mis amigos, que están deseando entrar para compartir sus historias.

Al cabo de varios años de estudio del eneagrama, tuve un fogonazo de inspiración que incrementó aún más mi aprecio por la sabiduría que este sistema exhibe; pues no sólo la descripción de los nueve tipos retrata con todo detalle nuestra personalidad, sino que el eneagrama revela las nueve historias rotas que cada tipo adopta en la infancia, y habita, para darle sentido al mundo: historias destructivas que seguimos contándonos en la edad adulta respecto a quiénes somos y cómo opera el mundo.

Como descubrirás, las historias que inventamos en la infancia y con las cuales nos definimos nos traen bastantes problemas posteriormente en nuestra vida, tanto a nivel psicológico como espiritual, debido a la premisa subyacente de que cada una de ellas se opone directamente a la Gran Historia, llena de gracia, en la que Dios quiere que entremos y disfrutemos.

El eneagrama nos muestra también cómo escapar de la historia rota de nuestro tipo de personalidad cuando nos desprendemos de los incesantes comportamientos derrotistas y las concepciones erróneas que suelen sumirnos en la frustración y la confusión, dejándonos con el corazón roto.

Lo que diferencia al eneagrama de otros sistemas tipológicos de personalidad es que nos permite diseñar y vivir una historia mejor y más auténtica que aquélla con la que inconscientemente nos hemos conformado. Más adelante, te contaré cómo aprendí a hacerlo.

La historia original

Los seres humanos somos narradores de historias incurables. Contamos melodramas, cuentos, relatos cortos, cuentos chinos, tragedias, historias de superación, chistes largos y aburridos, anécdotas exageradas, historias parciales y los ocasionales «por no alargar la historia».

---

autodescubrimiento). InterVarsity Press, Downers Grove, IL., 2016. Si quieres escuchar mi pódcast, *Typology*, visita typologypodcast.com

Pero no subestimemos a los niños pequeños. Son endiabladamente listos. No sólo van a captar los mensajes de los miembros de la familia y de sus compañeros relacionados con su identidad, con quiénes son y qué espera el mundo de ellos, sino que van a absorber estos mensajes como una aspiradora. Con el tiempo, esos niños crearán de forma natural una elaborada historia acerca de su identidad y su valía tomando como base estas experiencias y los mensajes inconscientes, una narrativa que se introducirá profundamente en sus corazones.

Ésta es la historia que nos llevó a descubrir, en la infancia, quiénes teníamos que ser y qué teníamos que hacer para sentir cierta seguridad en el mundo. Según multitud de terapeutas, todas las personas construimos nuestra vida en torno a esta historia que nos contamos a nosotros mismos. Esta narrativa conforma nuestra identidad y nuestra personalidad.

Por ejemplo, si tu padre sólo se prodigaba contigo en elogios cuando vencías en una competición deportiva, o si percibías cierta decepción en la voz de tu madre cuando obtenías una calificación de «Notable» en la escuela, ¿acaso pensaste, «Oh, bueno, mis padres tienen buena intención, pero son personas superficiales que necesitan tener un niño prodigio para elevar su autoestima y quedar bien ante sus amigos del club de campo»? Seguro que no pensaste eso. Lo más probable es que tomaras nota de sus reacciones y que desarrollaras una historia parecida a ésta: «Tengo que ganar en todo. Tengo que destacar en todas las pruebas. He de tener éxito en todo en la vida, o la gente no me va a querer».

O quizás eras una niña silenciosa y tímida cuyos deseos se los engullían sus extravertidas amigas y sus hermanos dominantes. ¿Acaso decidiste, «¡Eh! Voy a hacerme con un megáfono y les voy a obligar a que me tengan en cuenta»? Yo diría que, más bien, elaboraste una historia en torno a la idea de «Nadie me escucha nunca ni valora mis opiniones ni mis deseos. ¿Para qué desperdiciar tiempo y energía expresándolos?».

Quizás pasaste por el trauma del divorcio de tus progenitores, por la súbita pérdida de una hermana o tuviste que sufrir el comportamiento impredecible de una persona alcohólica en la familia. ¿Pudiste ir más allá del dolor para llegar a la conclusión de que «La vida está llena de belleza y de terror, pero al final todo irá bien»? No es una oración. Ni siquiera el poeta Rainer Maria Rilke hubiera podido salir con una idea así a los siete años. Lo más probable es que llegaras a una conclusión muy parecida a ésta: «El mundo es temible, impredecible y doloroso. Si no estoy en guardia permanentemente, el desastre me encontrará desprevenido cuando golpee de nuevo».

Ahora, date cuenta de que todas estas narrativas de vida discurren en dirección contraria a la historia de la gracia. ¿Acaso Dios nos exige que tengamos éxito para darnos su amor? ¿Insiste Dios en que nos revolquemos por el suelo hasta el agotamiento para poder encontrar la paz? ¿Dice Dios que sólo nos sentiremos seguros en el mundo si vivimos temiendo lo peor constantemente? Yo creo que no.

Pero en cuanto nos ligamos a estas historias, ya no se nos ocurre que quizás podamos cuestionarlas o reescribirlas. Cada día se convierte en nuestro Día de la Marmota personalizado. Como ocurre con el personaje de Bill Murray en la película, nos quedamos atrapados en un bucle repetitivo, aparentemente interminable, en el que reciclamos los mismos acontecimientos y los mismos errores una y otra vez. Vemos lo que nos hemos condicionado a ver, tengamos la edad que tengamos o sean cuales sean las circunstancias de nuestro campo de entrenamiento de infancia.

Cuando el caso es que estas historias son falsedades muy raídas. Son falsedades de infancia que, sin duda, fueron útiles y necesarias, pero que convierten la vida en un lío si seguimos creyéndonoslas y no nos las cuestionamos al llegar a la edad adulta. Cómo señaló Carl Jung, «No podemos vivir el atardecer de la vida con el mismo programa que la mañana, pues lo que en la mañana era mucho, en el atardecer será poco, y lo que en la mañana era verdadero, en la tarde será falso».[4] Lo que nos resulta útil en la infancia quizás nos desbarate en la edad adulta. Sin embargo, nuestras viejas historias siguen funcionando de forma autónoma en los rincones sombríos del corazón, y se convierten en enemigas de nuestro crecimiento.

Afortunadamente, podemos elaborar una historia diferente al llegar a la adultez. No podemos cambiar los hechos de lo que nos sucedió en

---

4. JUNG, C. G.: *Obras completas de C. G. Jung, vol. 8: La dinámica de lo inconsciente*. Editorial Trotta, Madrid, 2004, párrafo 784.

el pasado, pero sí que podemos cambiar el modo en que nos asomamos a la vida en el presente. En los capítulos que vienen a continuación, veremos que todas y cada una de las personas pueden reescribir la historia de supervivencia de su tipo de personalidad en el eneagrama.

Es hora de dejar a un lado la vieja historia. Esto es algo que está en tu mano, y he escrito este libro para mostrarte cómo. Como escribió Mo Willems, el autor de literatura infantil, «Si te descubres siempre en el lado equivocado de la historia, sal de ahí».[5]

5. WILLEMS, M.: *Goldilocks and the Three Dinosaurs*. Walker Books, Londres, 2012.

2

Cambiando tu historia

El genio del eneagrama

«Es como si todo el mundo se contara una historia de sí mismo dentro de su cabeza. Siempre. A todas horas. Esa historia hace de ti lo que eres. Nos construimos a partir de esa historia».

—Patrick Rothfuss

Mi amigo Donald Miller es consciente del poder del relato. Él ha escrito bastantes libros, entre los que se encuentran algunos que ayudan a las empresas a determinar cuál es su relato de marca y cómo comunicárselo a los clientes.

Para Don, los elementos de un buen relato no son muy complicados, tanto si se trata del relato de una empresa como si es el relato de una persona.[1] El problema es que muchas personas tienen la vaga sen-

---

1. La entrevista con Donald Miller se ha editado para reducirla y hacerla de más fácil lectura, al igual que todos los fragmentos de *Typology*, mi pódcast. La conversación original se puede encontrar en la temporada 2, episodio 14, 1 de noviembre de 2018, en www.typologypodcast.com/podcast/2018/28/06/episode2–014/donmiller; y en la temporada 2, episodio 15, 8 de noviembre de 2018, en https://typology.libsyn.com/part-2-don-miller-on-directing-your-new-story-enneagram-3-s02–015

sación de estar viviendo una historia que ya no les funciona. En un momento de su vida, Don tuvo esta sensación. Tenía problemas económicos, y dice que se «pasaba las horas» compadeciéndose de sí mismo.[2] Además, pesaba 175 kilos, cosa que resulta difícil de asociar con el Don saludable que yo conozco.

Normalmente, cuando a alguien que ha perdido mucho peso le preguntas cómo lo hizo, te sueltan un sermón sobre su entrenador del gimnasio que fue un miembro de las fuerzas especiales de la Marina, o sobre los bidones industriales de zumo de remolacha y zanahoria que beben a diario, y hasta puede que lamentes haber formulado la pregunta. Pero Don no hizo eso. Cuando me contó cómo había perdido casi la mitad de su peso corporal, se centró en algo completamente distinto.

—Mi proceso de transformación se inició cuando me sumergí en una historia que me exigía perder peso –dijo.

Se sumergió en una nueva historia. ¡Qué idea más curiosa!

A lo largo del camino, también hizo dieta y fue en bicicleta desde Los Ángeles hasta Delaware, de modo que no vayas a pensar que perder peso no le supuso esfuerzo. (Lo siento, gente.) Pero el impulso clave que le llevó a conseguirlo fue su determinación por habitar una historia diferente de la que se había estado contando a sí mismo la mayor parte de su vida.

—Creo que la mayoría de las personas –comentó Don– no se dan cuenta de que realmente pueden escribir su propia historia.

La mayor parte de la gente nos leemos viejos guiones, parte de los cuales los escribimos nosotros mismos y parte de los cuales nos los entregan en mano otras personas importantes de nuestra vida. En muchos casos, estos guiones nos ayudaron a orientarnos a través de los pedregosos terrenos de la infancia y la juventud. Pero, en algún punto del sendero, estas historias dejaron de sernos útiles y empezamos a someternos ante ellas. Así es como hipotecamos nuestro futuro.

Puede haber personas que nos demos cuenta de que nuestras viejas historias se nos quedaron pequeñas, pero no sabemos cómo desemba-

2. Prólogo de Donald Miller al libro de Hamilton, S.: *Finish First: Winning Changes* Everything (Termina primero: Ganar lo cambia todo). Thomas Nelson, Nashville, TN, 2018, p. xi.

razarnos de ellas. Otras personas quizás seamos menos conscientes de esto y puede que nos enzarcemos, sin pretenderlo, en ciclos recurrentes de «siempre lo mismo», preguntándonos cómo nos hemos metido en este lío una vez más. Como señala James Hollis, «No hay nadie que se despierte por la mañana, se mire en el espejo y diga, "Creo que hoy voy a repetir mis errores", o bien, "Hoy espero hacer algo realmente estúpido, repetitivo, regresivo y contraproducente para mí". Pero, con mucha frecuencia, lo que hacemos precisamente es repetir la historia, porque no somos conscientes de la presencia silenciosa de esas energías programadas, las ideas nucleares que hemos adquirido e interiorizado y ante las cuales nos hemos sometido».[3]

Y aquí vienen a cuento las palabras de Don Miller: «Si quieres cambiar, elige una nueva historia». Pero, realmente, ¿es así de sencillo?

Tu vieja historia no está funcionando

La organizadora personal Marie Kondo publicó un libro que se convirtió en un superventas hace unos cuantos años, un libro titulado *The Life-Changing Magic of Tidying Up*.[4] Si no lo has leído, te contaré que la premisa básica del libro sugiere que toda tu vida cambiará si haces una purga de chismes. (Me dejó muy confundido cuando leí su sugerencia de conservar sólo treinta libros. En eso no estoy de acuerdo.) El mensaje general del libro era bueno: Kondo sugiere a sus lectores que hagan un inventario de todas aquellas cosas a las que se aferran y que se pregunten si eso todavía «les proporciona gozo». Si no es así, lo que deberían hacer es darle las gracias a ese objeto por toda la dicha o la utilidad que ofrecieron para luego ponerlo en el montón de cosas para regalar o donar.

Aunque este enfoque tiene sus limitaciones (preferiría comer cristales a desprenderme de mi biblioteca), no deja de ser un buen trampolín

---

3. HOLLIS, J.: *Finding Meaning in the Second Half of Life: How to Final Really Grow Up*. Penguin, Nueva York, 2005, capítulo 1. (Trad. cast.: *La otra mitad del camino: Dar sentido a la segunda parte de la vida*. Aurum Volatile, Zaragoza, 2019).

4. Traducido al castellano como *La felicidad después del orden: Una clase maestra ilustrada sobre el arte de ordenar*. Aguilar, Barcelona, 2016.

para lo que podemos hacer con nuestras viejas historias. No es que haya que afinar demasiado, pero sí es cierto que muchas de las historias que nos contamos nos chupan la sangre. Ya no son útiles para hacernos felices. Todo lo contrario, suelen sumirnos en la desdicha, tanto a nosotros como a los demás. Tenemos que buscar una salida. Nos lo debemos a nosotros mismos y a aquellas personas a las que queremos.

Sí, podemos dar las gracias a estas historias antes de despedirnos de ellas. Nos ayudaron a dar significado a nuestras experiencias, a construir un sentido coherente del yo y a desarrollar una serie de estrategias de acción. Pero cambiar estas historias no estriba simplemente en decir, «Gracias, historia falsa, por toda tu ayuda en el pasado», para luego echarla en el montón de cosas para regalar porque ha dejado de ser útil. Hay historias que están tan incrustadas en nuestro interior que nos cuesta reconocer que su fecha de caducidad pasó.

Señales que indican que estás viviendo una historia rota

Si desoímos las llamadas de nuestra alma a cambiar la narrativa de nuestra infancia, terminaremos en un atasco. Queremos cambiar, pero no sabemos cómo.

El hecho de que sea difícil reconocer que esas viejas historias de infancia están dirigiendo nuestra vida tiene una fácil explicación en un nivel básico, y es que siempre han estado ahí. Como dice el refrán, no hay prisión más segura que aquélla en la que no sabemos que nos encontramos.

¿Quieres saber si existe la posibilidad de que estés viviendo en una narrativa vieja y fragmentada? Toma en consideración estas pistas.

- Miras por el espejo retrovisor de tu vida y ves un campo de escombros de relaciones rotas.
- No dejas de tener empleos equivocados.
- Tienes la tendencia a mantener relaciones que pasaron su fecha de caducidad hace tiempo.
- Estás física, emocional y espiritualmente «quemado» y no sabes por qué.

- Te enfadas de un modo desproporcionado con respecto a la gravedad de la ofensa.
- Reaccionas impulsivamente ante las personas y las circunstancias, en vez de responder de manera consciente.
- Tienes la insidiosa sospecha de que estás leyéndote un guion que te pasó otra persona.
- No eres capaz de detener la constante corriente de comentarios negativos sobre ti mismo que circulan por tu mente.
- Has caído en adicciones que sabes que están enmascarando un dolor que no quieres afrontar.
- Te decepciona ver que tu vida ha terminado siendo más pequeña de lo que soñaste que sería.

Quizás ya seas consciente de estar viviendo en una historia rota, y puede que incluso hayas intentado cambiarla. Has leído libros y has ido a retiros, has asistido a conferencias y contratado a asesores y *coaches,* te has unido a grupos de recuperación y has buscado patrocinadores. Pero, aun cuando sabes que los mensajes que interiorizaste en la infancia no están funcionando para ti como persona adulta, para superarlos se necesita algo más que Pilates o caminar sobre brasas ardientes en un seminario de Tony Robbins.

Todo el mundo es tremendamente leal a sus narrativas rotas, porque ¿quiénes serían sin ellas?

Dentro del eneagrama

El eneagrama nos ofrece pistas sobre quién somos, tanto si estamos atrapados en nuestras falsas historias como si nos sentimos liberados para reescribirlas. El eneagrama presenta una valiosa constelación de nueve historias arquetípicas, comunes a toda experiencia humana, que adoptamos y habitamos en la infancia con el fin de encontrar un sentido a la pregunta de quiénes somos y para descifrar cómo funciona este nuevo y extraño mundo.

Si te estás preguntando «¿Sólo nueve historias para los 108 000 millones de personas que han vivido sobre este planeta? ¡Esto es ridículo!», lo entiendo, pero ¿por qué no? Los críticos literarios creen que sólo existen siete tramas básicas en la literatura y el cine. ¿Acaso son éstas las únicas narrativas que nos atrapan? No tengo ni idea. Lo único que sé es que estas nueve narrativas aparecen con tanta frecuencia en la familia humana que, al menos, convendría prestarles un poco de atención.

Voy a presentarte a unas cuantas personas sabias que han estado utilizando el eneagrama para reconocer la historia rota que se creyeron siendo niños, identificaron de qué modo estaba limitando su existencia y viven ahora la historia auténtica que se puede escribir a cambio. He aquí un resumen del modo en que cada uno de los nueve tipos se suscribe a una historia en particular.

Tipo Ocho: El Desafiador

La historia del Ocho gira en torno a la creencia de que viven en un universo cruel y despiadado en el que los poderosos dominan y que se aprovechan de los inocentes y débiles. Intimidante, enérgico, autócrata, confiado en sí mismo y mandón, el Ocho afirma su fuerza y su poder sobre los demás y sobre el entorno para enmascarar ante el mundo su vulnerabilidad y su debilidad. (Quizás te parezca extraño que comience esta lista con el tipo Ocho, en lugar de con el Uno, pero esto se debe a la estructura del eneagrama. Ochos, Nueves y Unos pertenecen a una misma tríada, la «tríada visceral», motivo por el cual aparecen juntos aquí y en el orden de los capítulos).

Tipo Nueve: El Pacificador

La historia del Pacificador gira en torno a la creencia inconsciente de que el resto del mundo cree que su presencia carece de importancia. De ahí que, para evitar la desconexión y mantener la paz, los Nueves creen que tienen que seguir la corriente a los demás, evitar el conflicto y fundirse con las preferencias, los puntos de vista y las prioridades del resto del mundo. De trato fácil, afables y en ocasiones complacientes, los Nueves no se hacen valer y corren el riesgo de quedarse «sin yo».

Tipo Uno: El Reformador

Los Unos son sinceros, concienzudos, detallistas, disciplinados y moralmente heroicos. La premisa falsa subyacente de su historia es la creencia de que al mundo le encantan y sólo recompensan a las personas «buenas», en tanto juzgan a las «malas». Si estás atrapado en la historia del Reformador, intentarás granjearte el cariño de los demás y buscarás cierto sentido de control reprimiendo tu cólera, satisfaciendo tus elevados estándares internos e intentando perfeccionarte a ti mismo, a los demás y al mundo.

(En *The Road Back to You,* denominamos a este tipo el Perfeccionista, pero desde entonces he cambiado de parecer y considero que sería mejor llamarle el Reformador. Si cada Uno que me ha dado las gracias por hacer este cambio me hubiera dado una moneda de cinco centavos, ahora sería más rico que Jeff Bezos).

Tipo Dos: El Servicial
Los Doses son personas generosas, comprensivas, cariñosas y de corazón servicial que buscan desesperadamente caer bien y que se las aprecie. Las personas que habitan la desventurada ficción del Servicial creen inconscientemente que no pueden ser amadas tal como son, sino sólo por lo que hacen por los demás. Tiene sentido, por tanto, que su estrategia para obtener cariño y aprobación sea la de negar sus propias necesidades para ayudar a los demás.

Tipo Tres: El Realizador
Los Treses son personas impulsivas, ambiciosas, muy conscientes de su imagen y centradas en el logro, y su historia dominante se basa en la idea errónea de que tener éxito y evitar el fracaso a toda costa es el único sendero para que te valoren y te quieran.

Tipo Cuatro: El Romántico
Los Cuatros son personas creativas, sensibles, temperamentales y emocionalmente intensas cuya historia gira en torno a la equivocada idea de que les falta algo crucial en su interior y que, en tanto no lo recuperen, nadie los amará ni los comprenderá, no se sentirán íntegras y no serán aceptadas por el mundo. Adictas a su propio sufrimiento, intentan apuntalar la inestable imagen que tienen de sí mismas y lograr cierto sentido de pertenencia aparentando ser especiales y únicas.

Tipo Cinco: El Investigador

De carácter privado, sumamente observador, analítico y emocionalmente distante, la historia del Cinco gira en torno a la idea de que el mundo es intrusivo y que le hace más demandas de las que es capaz de satisfacer. Así, los Cincos se protegen frente a las intrusiones reduciendo sus propias necesidades, observando la vida más que participando de ella, aislándose y obteniendo conocimientos para defenderse de su profunda sensación de ineptitud e inadecuación.

Tipo Seis: El Leal

De talante cálido, digno de confianza, inquisitivo y ansioso, la historia del Leal gira en torno a su creencia de que el mundo es un lugar peligroso en el cual la única manera de sentirse seguro es manteniendo una vigilancia constante, y preparándose para lo peor.

Tipo Siete: El Entusiasta

La limitante narrativa de los Sietes surge de su creencia inconsciente de que hay que evitar emociones, pensamientos o situaciones dolorosas a toda costa. Encantadores, inteligentes, divertidos, centrados en el futuro, optimistas e intrépidos, los Sietes tienen miedo de verse atrapados en sentimientos negativos de los cuales no puedan escapar.

Eligiendo una nueva historia

Los fans del eneagrama suelen expresar su asombro ante las acertadas descripciones de esta antigua tipología. Pero ¿es eso todo cuanto puede ofrecer el eneagrama, una descripción estática de nuestro tipo de personalidad de la que poder conversar en un cóctel o con la cual hacer un meme tonto en Instagram? En absoluto. El eneagrama es una receta para un cambio profundo.

Cuanto más leía yo acerca de la historia del Romántico (el Cuatro), más me daba cuenta de que había estado aferrándome a una narrativa construida sobre una mentira. Aquella historia distorsionaba la idea que tenía de mí mismo y me impedía convertirme en quien quería ser de verdad. Si quería convertirme en la más saludable y elevada expresión de Ian Cron, no tendría más remedio que salir de la vieja historia del Romántico para entrar en la nueva historia del Romántico.

Presta atención: todo cuanto he aprendido como psicoterapeuta, como sacerdote episcopaliano, como director espiritual y como persona en mi propio viaje de transformación se resume en un simple hecho: *Toda transformación comienza con un cambio en la narrativa.*

No vas a cambiar si no te liberas de la vieja historia de infancia con la que te defines a ti mismo. Éste es el trabajo que tenemos que hacer, y el eneagrama puede ayudarnos. Yo podría pronunciar una oración de conclusión y pasar la cesta de los donativos ahora mismo, pero hay mucho mucho más que aprender en relación con la reautoría de nuestra historia.

La profesora Cynthia Bourgeault cuenta una magnífica parábola en su libro *The Wisdom Way of Knowing* (La vía sabia del conocimiento) que ilustra la batalla a la que nos enfrentamos para liberarnos de nuestra vieja historia a fin de materializar una narrativa más auténtica, mejor.

Había una vez, en un país no muy lejano, un reino de bellotas enclavado al pie de un enorme y viejo roble. Dado que la ciudadanía de este reino eran bellotas modernas, plenamente occidentalizadas, se dedicaban a sus asuntos con propósito y energía; y, dado que eran bellotas *baby-boomers* de mediana edad, asistían a multitud de cursos de autoayuda. Había seminarios titulados «Logra todo cuanto puedas de tu cáscara». Había grupos de recuperación de bellotas heridas, que se habían lastimado en la caída original desde el árbol. Había spas para untar de aceite las cáscaras y pulirlas, y había diversas terapias bellotopáticas que fomentaban la longevidad y el bienestar.

Un día apareció de pronto, en mitad de este reino, una pequeña bellota nudosa y extraña, aparentemente caída «de la nada» al paso de un pájaro. No llevaba el sombrerillo, y estaba sucia, causando de inmediato una impresión negativa entre sus semejantes bellotunas. Y agazapada bajo el roble, esta bellota se puso a balbucear un cuento descabellado. Señalando hacia el árbol, dijo,

—¡Somos… eso!

«Está delirando, obviamente», concluyeron el resto de las bellotas, pero hubo una de ellas que se puso a conversar con la bellota extraña:

—Entonces, cuéntanos, ¿de qué manera nos podemos convertir en ese árbol?

—Bueno –dijo, señalando hacia el suelo–, es algo que tiene que ver con meterse bajo tierra… y resquebrajar la cáscara.

—¡Está loca! –respondieron todas– ¡Totalmente loca! Si hiciéramos eso, dejaría de haber bellotas.[5]

En la medida en que tu vieja cáscara siga intacta, nunca te convertirás en quien estabas destinado a ser: un roble. Tu vieja historia tiene que resquebrajarse para que la semilla de tu auténtico yo pueda crecer. No estoy diciendo que vayas a cambiar por completo esos rasgos singulares que hacen de *ti* quien eres. Si eres un Investigador (Cinco), probablemente seguirás valorando tu tiempo en soledad y seguirás mostrando avidez por aprender cosas nuevas, o buscando conversaciones en *petit comité* en las grandes fiestas. Pero si estás dispuesto a hacer el esfuerzo, descubrirás el valor y la satisfacción que proporciona el cultivo de relaciones profundas y transparentes. Y, si eres un Desafiador (Ocho), podrás exponer tu tierno corazón y sobrevivir al experimento, descubriendo que tu propia debilidad humana es, paradójicamente, una fortaleza.

Pero no es un trabajo fácil, pues desarrollar un relato nuevo y más auténtico no va a ser posible sin enfrentarse a las mismas resistencias que mostraban las bellotas ciegas de la parábola de Bourgeault.

Pasando de la pasión a la virtud

La gente me pregunta con frecuencia, «¿Qué quieres decir exactamente cuando afirmas que tenemos que hacer el trabajo?». El trabajo co-

---

5. Bourgeault, C.: *The Wisdom Way of Knowing*, citada por Beatrice Chestnut, *The Complete Enneagram: 27 Paths to Greater Self-Knowledge*. She Writes Press, Berkeley, CA, 2013, pp. 38-39. (Trad. cast.: *El eneagrama: Guía para el despertar.* Editorial Sirio, Málaga, 2022).

mienza con el reconocimiento y la deconstrucción de nuestro viejo relato con el fin de dejar espacio para otro relato mejor. Es entonces cuando comenzamos a tratar con la pasión de nuestro tipo.

Afortunadamente, el eneagrama ofrece un mapa para ir desde el Punto A (la vieja historia rota) hasta el Punto B (una historia nueva y mejor). Todo cuanto vamos a hacer en este libro está diseñado para facilitarte el paso desde la pasión por defecto de tu tipo (tu Punto A) hasta la virtud de tu tipo (tu Punto B), reescribiendo de este modo tu vieja historia.

Las palabras «pasión» y «virtud» puede que te lleven a confusión. (Como decía Iñigo Montoya en la película *La princesa prometida,* «Sigues usando esa palabra. Yo no creo que signifique lo que tú crees que significa».) En los términos del eneagrama, tu pasión se denomina a veces también «pecado mortal», lo cual te da una pista de que se trata de algo más que de una emoción profunda. Una pasión en el eneagrama no es algo por lo que tú te «apasiones». Es, más bien, una influencia destructiva, como cuando una persona está «consumida por la pasión» o comete un «crimen pasional».

Tu pasión es la fuerza emocional o motivación inconsciente y omnipresente que te lleva a conducirte de forma autodestructiva y que, por mucho que te esfuerces, no eres capaz de detener. Cuando esta fuerza cierra su garra sobre ti, te lleva a actuar de maneras que te perjudican a ti y perjudican a los demás. Es la «mentira» de tu tipo de personalidad, que perpetúa la vieja y desgastada historia, esa estrategia condenada al fracaso a la hora de satisfacer tus necesidades y deseos, como las necesidades de amor, seguridad o cierto sentido de control. Irónicamente, lo que hace es impedirte su consecución.

Toma en consideración la siguiente idea para ver de qué forma opera en tu vida: *Tu pasión es la fuente de tu sufrimiento.* Su falsa promesa es el enemigo de tu crecimiento. Si no crees que tu pasión es la raíz de tu dolor, recuerda que la palabra «pasión», en sí misma, proviene de la raíz latina de sufrimiento, como en la pasión y muerte de Cristo.[6] La pasión es el manantial de la angustia que sientes.

---

6. «Pasión», Diccionario Etimológico Castellano en Línea, disponible en https:// etimologias.dechile.net/?pasio.n. El maestro del eneagrama Christopher L.

La vía de escape de la pasión, incorporada también en el eneagrama, es la correspondiente virtud de cada tipo, que es capaz de vencer a su pasión y de desmantelar su falsa historia. En una versión simplificada de la formulación del maestro del eneagrama Óscar Ichazo, lo que denominamos aquí «Punto A» y «Punto B» tienen el siguiente aspecto:[7]

	Pasión	Virtud
El Desafiador: Ocho	Lujuria	Inocencia
El Pacificador: Nueve	Pereza	Acción correcta
El Reformador: Uno	Ira	Serenidad
El Servicial: Dos	Orgullo	Humildad
El Realizador: Tres	Engaño	Autenticidad
El Romántico: Cuatro	Envidia	Ecuanimidad
El Investigador: Cinco	Avaricia	Desapego
El Leal: Seis	Miedo	Coraje
El Entusiasta: Siete	Gula	Sobriedad

Huertz señala esta misma idea en *The Sacred Enneagram: Finding Your Unique Path to Spiritual Growth* (El eneagrama sagrado: Cómo encontrar tu singular sendero hacia el crecimiento espiritual). Zondervan, Grand Rapids, MI, 2017, p. 76.

7. Ichazo, O.: *Enneagram of the Passions and Enneagram of the Virtues,* explicado en «The Traditional Enneagram», disponible en www.enneagraminstitute.com/the-traditional-enneagram. He sustituido *«authenticity»* (autenticidad) para los Tres en lugar de *«truthfulness»* (veracidad) como en la versión de Ichazo.

Tu sendero hacia la liberación, según el eneagrama, comienza por reconocer las limitaciones que la pasión de tu tipo ha impuesto a tu vida; y, a través de tu virtud, reconocer quién eres en realidad cuando tu pasión no está dirigiendo inconscientemente todos tus asuntos.

Por ejemplo, los Ochos sanos, para contrarrestar su pasión, se esfuerzan por recuperar su inocencia, sacando a la luz los tiernos sentimientos que se enseñaron a enterrar en lo más profundo. Un Ocho que conozco, Chris Cruz, recupera su inocencia cuando lee cuentos con su hijo. Es uno de los raros momentos en que se permite sentirse vulnerable –lo cual dice que le hace sentir «increíblemente incómodo, casi desnudo»–, pero es el camino de salida en la nueva historia que está reescribiendo para sí mismo, una narrativa en la cual tiene el coraje de mostrarse indefenso.[8]

Los Reformadores Unos pueden cultivar la serenidad aceptando las cosas tal como son, no como las desean. La «oración de la serenidad» podría haber sido escrita por un Uno, al decir: «Dios, dame el coraje de cambiar las cosas que puedo cambiar, la serenidad de aceptar lo que no puedo cambiar y la sabiduría de discernir la diferencia». Los Uno que se percatan de que no son responsables de mejorarlo todo a su alrededor, que pueden aprender «la sabiduría de discernir la diferencia» entre lo que pueden cambiar y lo que no, pueden reconocer su inherente bondad y sentir la serenidad. En la serenidad, dejan de etiquetarlo todo como bueno o malo, como correcto o erróneo, y pueden liberarse de la extenuante necesidad de arreglarlo todo. También pueden liberarse de la agotadora necesidad de destacar en todo.

Mi amiga Julianne Cusick, que es un Uno, dice que cuando era joven, su afán de perfección era a menudo tan agobiante que no intentaba hacer nada nuevo por temor a no desempeñarse bien en ello.[9] Esta actitud la mantuvo paralizada durante años por miedo a fracasar. Julianne dice que su nueva historia le exigió aprender una hermosa

---

8. Entrevista con Chris Cruz, *Typology*, temporada 2, episodio 16, 15 de noviembre de 2018, disponible en www.typologypodcast.com/podcast/2018/15/11/episodes02–016/chriscruz

9. Entrevista con Julianne Cusick, *Typology*, temporada 1, episodio 49, 21 de junio de 2018, disponible en www.typologypodcast.com/podcast/2018/21/06/episode49/juliannecusick

verdad: que «cualquier cosa que valga la pena hacer, vale la pena hacerla mal. Simplemente, hagámoslo. Experimentémoslo, en vez de quedarnos paralizadas por temor a fracasar». Su nueva historia podría titularse *Progreso, no perfección*. Cuando los Reformadores pueden decir estas palabras con convicción, están ya en el camino de su nueva historia.

SOAR (Remontar el vuelo)

Pero, evidentemente, la transformación no es simplemente una cuestión de aprendizaje, no basta con decir «Bueno, Reformador, está claro que tu problema estriba en que tu vieja historia supone mucha cólera contra el mundo y contra ti mismo por no ser perfecto. ¡Relájate! ¡Acepta la vida en sus propios términos! *C'est fini!*». La transformación es, más bien, un proceso de toma de decisiones que se prolongará a lo largo de la vida y que llevará al crecimiento.

El genio del eneagrama estriba en que no sólo revela *qué* hay que cambiar, sino también *cómo* hay que cambiarlo. El viaje que lleva desde la pasión a la virtud ha revolucionado mi vida, al igual que la vida de muchas personas de cuyas historias hablaremos en este libro. Y, con ellas, te darás cuenta de que hay cuatro elementos principales, comunes, en estas historias de transformación a partir del eneagrama, elementos que constituyen los cuatro pasos de un cambio al que denomino con el acrónimo SOAR, por sus siglas en inglés: *See* (Ver), *Own* (Asumir como propio), *Awaken* (Despertar) y *Rewrite* (Reescribir).

See (Ver). El escritor Wendell Berry dijo en una ocasión: «Si no sabes de dónde vienes, lo vas a pasar mal cuando tengas que decir adónde vas». El primer paso de la transformación con el eneagrama es ver dónde comenzó tu vieja historia, es decir, exhumar los acontecimientos dolorosos, las creencias no cuestionadas que estás dando por sentadas y los escasamente útiles mensajes interiorizados de tu infancia que siguen controlando tu vida hoy en día. A esto lo denomino tu historia original.

Como Cuatro que soy, yo descubrí que «ver» significaba profundizar en la historia de lo que me sucedió mientras crecía en un hogar con un padre alcohólico y adicto a las drogas. Esto suponía plasmar por escrito todo cuanto iba descubriendo para después compartirlo con un amigo de confianza.

Que no te entre el pánico si piensas que no tienes aptitudes para la escritura, pues va a ser un ejercicio liberador, aunque no seas Gabriel García Márquez. El paso de «Ver» te permitirá desvelar todas las historias falsas y limitadoras, así como las creencias erróneas relacionadas con lo que tienes que hacer y quién tienes que ser para encontrar cariño, seguridad y cierta sensación de control en un mundo aterrador.

Own (Asumir como propio). El segundo paso implica una exploración tanto de los aspectos sombríos como de las fortalezas de cada tipo de personalidad. Es éste un ejercicio incómodo pero sanador; y cuanto más te comprometas con él, más beneficios te generará. Por mucha información que obtengas del eneagrama, no vas a lograr la ansiada transformación si no te sumerges en un estricto ejercicio de sinceridad y honestidad en lo relativo a quién eres y cómo eres. Tendrás que hacer un inventario, pero no lo conviertas en un ejercicio para fustigarte. Más bien, piensa en ti mismo como lo haría el propietario de una tienda que está valorando fríamente las existencias de las mercancías que tiene en el almacén. Echas un vistazo y dices, «Aquí hay un litro de leche estropeada que habrá que tirar. Y aquí hay un tomate infestado de gusanos que no debería estar aquí». Estás quitándote de encima lo viejo con el fin de dejar espacio para lo nuevo.

En mi caso, hacer el inventario me permitió comprender el inmenso daño que, en mi autoestima y mis relaciones, habían provocado mis falsas creencias y las decisiones inconscientes que había tomado cuando quedé atrapado en mi vieja historia. En el paso «Asumir como propio», o «Apropiarse», tuve que lamentar las oportunidades perdidas, mi descarrilamiento y cómo había buscado consuelo en el alcohol y las drogas con el fin de mitigar mi dolor. Pero también tuve que asumir como propio cuanto había de bello en mí. Me desveló mi bondad original, así como la idea de que merecía tener unas buenas relaciones y de que también formaba parte del mundo.

Awaken (Despertar). Cuando reconocemos los efectos que ha tenido nuestra vieja historia en el pasado es cuando podemos pasar al presente. Nuestra vieja historia se parece mucho a un trance; pues en cuanto empezamos a verla y la asumimos como nuestra, podemos despertar y darnos cuenta de cómo determinadas situaciones y tensiones pueden llevarnos a caer de nuevo en esa vieja narrativa.

Un aspecto clave de este paso consiste en el cultivo de la atención plena, que constituye una práctica importante en el eneagrama. Sin ella, no vamos a poder observar nuestros comportamientos en tiempo real. Atención plena supone prestar atención a lo que está ocurriendo en el instante presente, mientras nos descubrimos cayendo en nuestra vieja historia. El eneagrama nos enseña que, cuando podemos retroceder y «nos pillamos con las manos en la masa», la garra de la pasión comienza a disolverse. En el paso del «Despertar», incrementamos la toma de conciencia y aprendemos a resistirnos al viejo tirón gravitacional de nuestra pasión.

Rewrite (Reescribir). Abordar el pasado y el presente nos prepara para tomar decisiones de cara al futuro. Pero ¿cómo saber el aspecto que podría tener el futuro tras la transformación? Aunque pueda parecer excesivamente pasivo, para cuando llegas aquí has quitado tantos escombros que tu nueva historia comienza a vislumbrarse sin que tengas que forzar nada.

Sin embargo, también hay un par de cosas proactivas que te voy a sugerir que hagas. La primera es que, simplemente, le des un nuevo nombre a tu historia. Mi vieja historia solía recibir el nombre de *El chico perdido.* Ahora la he titulado *El hombre redimido.* En la reescritura de mi narrativa, ya no soy la víctima de mi historia; soy el héroe. Cuando le des nuevo nombre a tu historia, te empoderarás para dar los pasos que te van a llevar a vivir la vida bajo el nuevo título.

Otra estrategia proactiva supone reconocer que reescribir la propia narrativa no es algo que se hace «una vez y para siempre». Es, por el contrario, una tarea para toda la vida. A medida que te alejes (oh, sí, lo harás) de la pasión por defecto de tu tipo y te acerques a su virtud, descubrirás el poder que da el hacer lo opuesto a lo que normalmente hacías, respondiendo de formas novedosas y creativas ante situaciones (y personas) difíciles.[10] El objetivo aquí es cuestionar las viejas creencias de la falsa narrativa que dábamos por sentadas para salir del atasco.

---

10. Soy fan del libro *Becoming Real,* de Gail Saltz, y utilizo algunas de sus ideas aquí, junto con las de otros maestros del eneagrama y algunas propias. Véase Saltz,

Normalmente, en el paso de reescribir incluyo una antigua práctica espiritual: el *agere contra*, que significa literalmente «actuar contra». Este concepto proviene de san Ignacio de Loyola. El padre Edmund Lo, un sacerdote jesuita canadiense, dice que *agere contra* consiste en rechazar activamente los viejos patrones que nos tienen atascados:

Puede que nos aferremos a patrones de conducta que, aparentemente, nos hacen sentir seguros, sea por nuestras propias inseguridades, dudas o por no querer salir de nuestra zona de confort. Estos patrones nos impiden vivir la vida plenamente, tal como desea el Señor. Si vivimos la vida en el Espíritu y la Verdad, viviremos la libertad verdadera. *Agere contra* nos ayuda a enfrentarnos a aquellas cosas que nos impiden alcanzar esa libertad; mejor aún, nos ayuda a crecer en esta libertad.[11]

Agere contra se basa en la idea de que, tal como indica Lo, podemos poner nombre a cualquier cosa que se apropie de nosotros y controle nuestro comportamiento –nuestra vieja historia–. Y luego podemos optar activamente por hacer algo completamente distinto.

Agere contra es una magnífica herramienta para este cuarto paso del SOAR. Cuando reescribas tu narrativa, pregúntate: «¿Quién era yo antes de que el mundo me dijera quién se suponía que tenía que ser? ¿Quién sería yo y qué podría lograr si me opusiera a la falsa historia sobre quién creo que soy y cómo creo que es el mundo? ¿Qué decisiones puedo tomar hoy mismo para habitar un nuevo relato que me ayude a convertirme en la más elevada y auténtica expresión de mí mismo?».

En próximos capítulos (así como en el cuaderno de ejercicios que puedes llevar por ti mismo o en un grupo), exploraremos los rasgos

---

G.: *Becoming Real: Defeating the Stories We Tell Ourselves That Hold Us Back* (Ser auténtico: Cómo acabar con las historias que nos contamos y que nos retienen). Riverhead Books, Nueva York, 2004, especcialmente el capítulo 11.

11. Lo, E.: «*Agere Contra*: Why Go the Opposite Way?» (*Agere contra:* ¿Por qué ir en dirección opuesta?), Ibo et Non Redibo: A web-log of Canadian Jesuits, 2 de abril de 2014, disponible en http://www.ibosj.ca/2014/04/agere-contra-why-go-opposite-way_2.html

característicos de la historia de supervivencia de cada tipo del eneagrama, para luego ofrecer sugerencias prácticas para el crecimiento a la hora de implementar estos cuatro pasos.

Finalmente, y no menos importante, antes de comenzar «el trabajo», no olvides que te dieron algo hermoso cuando te dieron la existencia, pues algo quiere venir al mundo a través de tu vida. En una pared de mi despacho tengo una oración escrita por George Appleton que me gusta repetir de vez en cuando, y quizás te sirva en el momento en que te embarques en este viaje hacia tu nueva historia.

Dame una vela espiritual, oh, Dios, para sumergirme en las profundidades de mi propio ser.

Muéstrame lo oculto. Llévame hasta el manantial de mi vida y háblame de mi naturaleza y de mi nombre.

Dame la libertad para crecer y para que pueda convertirme en mi auténtico yo: el cumplimiento de la semilla que tú plantaste en mí cuando me creaste.[12]

Y, ahora, vamos con ello.

---

12. George Appleton (1902-93), adaptada por Jim Cotter. Oración tomada de Church Times online www.churchtimes.co.uk/articles/2013/30-august/faith/prayer-for-the-week/prayer-for-the-week

3

La historia del Ocho

Una revolución para el Desafiador

«Hay una obcecación en mí que no soporta que otra persona la atemorice a voluntad. Mi coraje se enardece siempre toda vez que alguien intenta intimidarme».

—JANE AUSTEN, *ORGULLO Y PREJUICIO*

Mi madre, que tiene 93 años, vive en una residencia de ancianos asistida en Pensilvania. Al principio de la pandemia, la telefoneé para averiguar si tenía miedo a contraer aquel extraño virus que se estaba difundiendo como un incendio por las residencias de ancianos de todo el país.

—¿Has contraído la covid? –le pregunté, sabiendo que mi madre se enfadaría si abordaba el tema con la dulce voz que utilizan los terapeutas cuando se esfuerzan por sonar empáticos.

—No se atreverá –dijo ella con su ronca voz habitual.

Los lectores de mi libro *The Road Back to You* saben que mi madre, un Ocho del eneagrama, estuvo fumando cigarrillos Pall Mall hasta los 75 años, y que el único motivo por el cual abandonó este hábito fue porque su geriatra le advirtió que haría estallar su tanque de oxígeno si encendía el mechero en sus inmediaciones. Por otra parte, yo también la convencí al explicarle que hacerse volar por los aires en el bingo iba a ser una experiencia un tanto embarazosa para ella.

—¿Qué te hace pensar que eres inmune a contraer la covid? –respondí yo reprimiendo una carcajada.

—Las células blancas de mi sangre le patearán el trasero a ese bicho –rugió entre risas.

El carácter combativo de mi madre es, en parte, producto del temperamento, pero también tiene parte de su origen en una infancia dolorosa. El hecho de tomar conciencia del trauma por el que pasó en sus primeros años de vida me ha llevado a sentir compasión por ella y por otras muchas mujeres del tipo Ocho que he tenido el privilegio de conocer, cada una de ellas con una versión diferente de la misma lucha por la supervivencia.

Mi madre era aún una niña pequeña cuando decidió que no se podía confiar en la gente, que más pronto o más tarde terminaban haciéndole daño o traicionándola.

Por desgracia, esa lección la aprendió en el hogar familiar.

Mi madre creció en una familia acomodada de Long Island, pero su casa tenía mejor aspecto por fuera que por dentro. Su padre era un director ejecutivo de éxito en una gran empresa de manufacturas, alguien muy querido en su comunidad. Pero también era una persona violenta y adicta a la cólera, que la tenía aterrorizada a ella y a sus cuatro hermanos.

—Todas las tardes, a las seis, espiábamos a través de las cortinas de casa para ver cuándo llegaba nuestro padre del trabajo –se sinceró mi madre en una ocasión–. Podíamos saber de qué humor venía viéndole simplemente la cara, y viendo la manera en que caminaba. Si sonreía y caminaba tranquilo, sabíamos que estábamos a salvo. Pero si venía con el ceño fruncido y caminaba con rapidez por la acera, echábamos a correr para escondernos en el desván.

Esta desgarradora infancia dejó a mi madre con un sentimiento de vulnerabilidad, un sentimiento nada agradable. Si quería sobrevivir, tendría que hacerse fuerte y poderosa.

Me entristece pensar que mi madre interiorizó el mensaje a tan temprana edad que terminara pensando que ella era la única persona en la que podía confiar para su cuidado; una carga que había llevado encima durante 93 años.

Ver: La historia original del Ocho

Mi madre no construyó frases completas al hablar hasta los cinco años.[1] Actualmente sabemos que un elevado porcentaje de niños que comienzan a hablar tarde resultan ser increíblemente brillantes. Si no me crees, pregunta a Albert Einstein. ¡No construyó frases completas hasta los cinco años![2] Pero en 1933, a las flores tardías se las consideraba «lentas» y sufrían acoso con frecuencia, de modo que, en la escuela de primaria, mi madre descubrió que su casa no era el único lugar inseguro.

—Un día, en el jardín de infancia, otra niña y yo estábamos jugando en los columpios después de la escuela cuando la madre de la otra niña vino, la tomó de la mano y le dijo, «No quiero que juegues con retrasados». Yo no había oído esa palabra nunca antes de aquello, pero pude entender por el aspecto de su rostro que había algo horriblemente mal en mí –recordaba mi madre–. Y aquella niña debió decirle al resto de la clase lo que su madre le había dicho, porque, al día siguiente, todos los niños en la escuela me decían aquella terrible palabra. Las burlas no cesaron hasta que, finalmente, comencé a hablar cuando ya terminaba el curso. Y una vez que comencé a hablar, ya no paré.

Conociendo a mi madre y sabiendo un poco de psicología, sospecho que debió ser por entonces que interiorizó dos mensajes. El primero fue, «No confíes en nadie, pues te traicionarán y te romperán el corazón». El segundo fue, «El mundo aplasta a los débiles. Si no quieres

---

1. No me atrevería a diagnosticar a mi madre retroactivamente, pero sospecho que su retraso oral pudo deberse al trauma.
2. Véase «Einstein Syndrome: Characteristics, Diagnosis, and Treatment», de Dorian Smith-García, con revisión médica de Karen Gill, en *Healthline,* disponible en www.healthline.com/health/einstein-syndrome#what-it-is

terminar a merced de la multitud, tendrás que ponerte en pie y luchar en tu defensa».

Y eso es lo que mi madre hizo. Luchó.

Para cuando llegó al instituto, se había ganado ya la reputación de ser una chica testaruda y franca. En el instituto católico en el que entró, las monjas le decían que era demasiado ruidosa, demasiado mandona y obstinada, demasiado segura de sí misma. Demasiado de todo.

—Necesitaba tener las riendas de mi vida en las manos en todo momento –me dijo un día mientras tomábamos un café–, pero a mis amigas les encantaba mi intrepidez y la manera en que me enfrentaba a los problemas, de manera que no dejaban de empujarme para que asumiera el liderazgo. En mi penúltimo curso, mis padres me enviaron a otro instituto. Al cabo de un mes allí, antes incluso de que me aprendiera los nombres de todos mis compañeros, me habían hecho la presidenta del comité de estudiantes. Y ni siquiera me había postulado para aquel cargo idiota. Me regalaron el puesto –dijo riendo.

Cuando le pregunté por qué la gente pensaba que era una líder natural, mi madre me señaló con el dedo burlonamente y me dijo:

—Porque conseguía que las cosas se hicieran.

En muchos aspectos, mi madre era un ejemplo de manual del espíritu audaz e intrépido que caracteriza a la mayoría de los Ochos. Persona de poderosa voluntad, canalizaba su ira para conseguir las cosas.

Al igual que ocurre con cualquier otro tipo en el eneagrama, esta tipología es una combinación de naturaleza y educación; o, en algunos casos, de falta de educación.[3] El peligro en el hogar que experimentó mi madre durante su infancia dio lugar a una personalidad autoritaria, pues necesitaba controlar a los demás y controlar su entorno con el fin de superar cualquier adversidad, para lo cual echaba mano de una férrea determinación y una terca resolución. Mi madre aceptó el reto de cuidar de sí misma. Dios la bendiga.

No todos los Ochos tienen una infancia difícil, pero muchos sí. Como la mayoría de los Ochos, mi madre elaboró su historia rota en torno a los temores que padeció en su infancia. Tanto si se trata de un

---

3.   El debate naturaleza-educación ha sido largo y controvertido. Creo que la personalidad humana se conforma a partir de la confluencia de ambos factores.

peligro real como si simplemente se percibe como tal, los Ochos aprenden pronto que la inocencia es peligrosa y que no pueden confiar en nadie a menos que les ofrezcan unas evidencias de lealtad abrumadoras.

Muchos Ochos entierran los sentimientos dolorosos de su pasado y crean una fachada dura, capaz de soportar cualquier cosa que la vida les depare. Algunos superan los problemas en el hogar convirtiéndose en líderes en la escuela, recibiendo elogios por su valentía y determinación. Muchos niños Ocho tienen una clara motivación, pero es una motivación que no tiene nada que ver con las motivaciones de otros tipos. No les dice nada que les admiren por su éxito (como los Treses) ni la satisfacción de sus anhelos perfeccionistas (como los Unos). Los Ochos creen que necesitan ser grandes y estar al mando. Los Ochos se dicen a sí mismos que tienen que conquistar el mundo antes de que éste se les vuelva en contra y se desintegren en el caos que, con frecuencia, vivieron en la infancia.

Los niños y niñas que crecen en entornos bélicos o en centros urbanos asolados por las bandas, donde no te puedes permitir el lujo de mostrar debilidad alguna y mucho menos llorar, suelen convertirse en Ochos. Algunos progenitores refuerzan incluso este mensaje, presionando a jóvenes Ochos vulnerables para que se enfrenten a situaciones que suponen una dura prueba, o para que se defiendan. De forma similar, algunos Ochos se forman merced a las historias que se cuentan a sí mismos respecto a cómo piensan que deben ser para poder competir con los hermanos a fin de granjearse la atención de papá o mamá. Por desgracia, hay progenitores que perpetúan esta perjudicial rivalidad entre hermanos eligiendo a favoritos o utilizando a sus hijos para satisfacer sus propias necesidades emocionales insatisfechas.

Duros y resilientes, los Ochos desarrollan una temeridad y una confianza elevada en sus habilidades, convencidos de que tienen que ser capaces de basarse exclusivamente en ellos mismos en todo momento. Gravitan en torno al liderazgo desde muy temprano (o se les insta a ello). Algunos tienen conflictos con las figuras de autoridad, sobre todo si las perciben como incompetentes, como se puede ver en la precoz observación de mi madre de que el comportamiento caprichoso de su padre no sólo lo hacía poco fiable, sino peligroso. Esto no significa necesariamente que los niños y niñas Ocho quieran controlar a los demás, si bien algunos lo hacen; se trata más bien de que no quieren que los demás los controlen a ellos.

Asumir como propio: Las fortalezas y las sombras del Ocho

Las amenazas reales o percibidas de la infancia dan lugar a una energía de confrontación que domina la vida de la mayoría de los Ochos. La ira preventiva es una respuesta natural del Ocho ante un mundo imperfecto y peligroso. Y, para cuando los Ochos maduran y salen de la adolescencia, se han atrincherado tanto en este enfoque de la vida que comienzan a utilizar su agresividad inconscientemente, incluso hasta el punto de pelear como forma de defenderse ante un mundo hostil. Paradójicamente, pueden llegar a ser conflictivos para mantener la conexión con la gente a la que quieren. El conflicto puede convertirse realmente en su manera de expresar un vínculo íntimo.

Los Ochos se ganan su enfado honestamente. Después de tantos años negando sus propias debilidades en la infancia, no consiguiendo satisfacer sus necesidades y defendiéndose de las agresiones de los demás, no es de extrañar que algunos terminen convirtiéndose en abiertamente agresivos, combativos, cabezotas y amenazadores.

Por otra parte, los Ochos pueden ser tremendamente protectores y enseñar a pelear a quienes quieren. Quizás cuestionen o critiquen a los demás por no manejar las situaciones del modo en que ellos lo harían: «¡No puedes dejar que te pisotee así! ¡Plántale cara!». Además, los Ochos menos habilidosos que siguen atascados en su vieja historia no suelen pedir disculpas o, al menos, les cuesta mucho. Incluso la muestra de paz ocasional que supone decir «Lo siento» la suelen pronunciar de un modo negativo, culpando a la otra persona por ser demasiado sensible y por ofenderse.

Los Ochos que no son conscientes de sí mismos no buscan el perdón, pues no asumen su ofensa ni sienten verdadero remordimiento por el daño ocasionado, y tampoco intentan recuperar la confianza. En cambio, piden perdón por aquello de lo que los otros los culpan, pero no por lo que puedan ver en sí mismos si son lo suficientemente vulnerables como para admitirlo. Es casi como si estuvieran diciendo «Lástima que no puedas manejar a alguien tan poderoso como yo». Dicho de otro modo, su fuerza descansa en la debilidad del otro, de forma muy parecida a la experiencia vivida por el Ocho en su infancia.

No es de extrañar que muchas personas consideren que los Ochos son excesivamente mandones y conflictivos. Es como si tuvieran teflón para repeler cualquier cosa que amenace con perforar su armadura y los obligue a sentirse débiles y vulnerables. Y en tanto que tales intercambios pueden hacer que familiares y amistades eviten sacar a colación temas que pueden ser campos de minas potenciales, los Ochos no van a tener inconveniente alguno en meterse directamente en ellos. Una vez más, les encanta el enfoque de «franqueza hasta que duela». De hecho, se muestran desconcertados cuando la otra persona se ofende, y se excitan cuando el otro muerde el anzuelo y se enfrenta a ellos. Sólo respetan a aquellas personas que se relacionan con los demás del mismo modo en que lo hacen ellos. Cualquier otra respuesta la consideran una debilidad.

Pero el arma que los Ochos crearon a partir de sus propias debilidades para abrirse camino en la vida cuando estaban creciendo, su impenetrable sistema de defensa, se convierte en un obstáculo cuando llegan a la edad adulta. De forma parecida a los Cincos poco desarrollados, estos malsanos Ochos crean una historia que los lleva a abandonar relaciones debido a que «no se puede confiar en la gente». Lo que buscan son pruebas que les den la razón y refuercen su poder sobre los demás. En resumen, se convierten en personas solitarias, entre otras cosas porque provocan temor.

Otras formas de relacionarse que supongan cierta vulnerabilidad y compromiso generan un temor inconsciente en los Ochos ante la posibilidad de que puedan ser víctimas de unas circunstancias que estén más allá de su control. El intento de relacionarse con los demás sin disponer de control les genera una gran ansiedad, debido a que exige una práctica constante y una revisión consciente del relato al que se aferran, relato que se ha convertido en su armadura, así como en su manta protectora.

Despertar: Determinar el precio

La historia sin clemencia que mi madre inventó de niña, basada en el enfoque de «aquí no se hacen prisioneros», le funcionó bien hasta que le dejó de funcionar. No me entendáis mal; mi madre nunca se metió en un círculo de tambores sanador ni trabajó sus «problemas de infancia», ni quiso saber nada del «no-sé-qué-grama». Sin embargo, las consecuencias la empujaron a descubrir una nueva manera de moverse por el mundo. Sustituyendo el viejo mantra de «házselo a los demás antes de que te lo hagan a ti» salió con un guion nuevo: «Hazlo por los demás y ellos lo harán por ti».

He aquí lo que sucedió.

A mediados de la década de 1960, el alcoholismo y el deterioro de la salud mental de mi padre alcanzaron su máximo histórico. Descuidado de sí mismo y sin empleo, no hacía más que entrar y salir de los hospitales por problemas de salud relacionados con el alcohol y por las ideas depresivas suicidas que iba alimentando. De modo que, con el fin de poner comida en la mesa todos los días para sus cuatro hijos, mi madre se puso a trabajar como secretaria en una pequeña editorial. Poco imaginaba el pobre hombre que la contrató que un día ella le sustituiría. Mi audaz madre ascendió rápidamente en el escalafón de una industria dominada por los hombres hasta convertirse en vicepresidenta y editora de la empresa.

Lo hizo al aprender por experiencia que el miedo a la vulnerabilidad y su filosofía de «no dejes nunca que te vean llorar» se interponían en su camino. De modo que cambió su *modus operandi*. En vez de luchar por sí misma, comenzó a luchar por los demás… cuidando de ellos.

En su nuevo papel de gestión, mi madre hizo algo que ningún otro editor en el ramo hacía hecho jamás. En vez de contratar vendedores, contrató y formó a un equipo de diez mujeres para que hicieran llamadas telefónicas de ventas a potenciales anunciantes.

Así, mi madre no sólo creó el primer equipo de ventas compuesto exclusivamente por mujeres en toda la historia de las editoriales, sino que lo dotó de personal que, de otro modo, habría tenido problemas para encontrar trabajo a principios de los setenta. Empleaba a madres solteras agotadas que luchaban por mantener unida a su familia, mujeres que se estaban recuperando de problemas con la bebida o las drogas, mujeres que cuidaban de progenitores en la vejez o de nietos. Estas mujeres se situaban en largas hileras de escritorios en una sala, atendiendo a unos teléfonos que no dejaban de sonar. Mi madre salía de su despacho y recorría la línea de escritorios pasando revista a sus tropas. Cuando una de ellas conseguía una venta, hacía sonar una campana en su escritorio y el resto de las mujeres la vitoreaban y hacían sonar también sus campanas.

Pero el interés de mi madre en estas mujeres iba más allá de lo que pudieran producir para la empresa. Si se encontraban en una batalla por la custodia de sus hijos, mi madre se presentaba en los tribunales para atestiguar su buena conducta. Si se caían del carro, las ayudaba a levantarse de nuevo. Si necesitaban un préstamo para pagar la escuela de sus hijos, ella les prestaba el dinero. Cuando ellas reían, ella reía. Cuando lloraban, ella lloraba.

Aquellas mujeres adoraban a mi madre, llamándola cariñosamente «Annie la Rápida» y refiriéndose a sí mismas como las «Chicas de Annie la Rápida». Año tras año hacían pedazos los récords de ventas, y su división se convirtió en la más lucrativa de la empresa.

Mi madre se jubiló hace más de tres décadas y, hasta el día de hoy, las «chicas» siguen llamando por teléfono a «Annie la Rápida» para preguntarle cómo está o para pedirle consejo. La influencia contagiosa del despertar de mi madre –desde una agresividad encarnizada hasta la recuperación de la inocencia infantil merced a la conquista de su intimidad– ilumina la transformación del Ocho desde la pasión hasta la virtud, desde la sombra hasta la fortaleza.

Reescribir: Elabora tu nueva historia

La historia de mi madre es única, pero es una historia que les resultará familiar a muchos Desafiadores y a aquellas personas que los quieren. En el sendero desde la pasión del Ocho (la lujuria) hasta su virtud (la inocencia), tendrás que practicar los cuatro pasos del SOAR: primero, ver tu «historia original» y ver de qué modo tus experiencias de debilidad en el pasado pudieron dar lugar a esa necesidad por defecto tuya de parecer fuerte en todo momento; en segundo lugar, apropiándote del lado sombrío del Ocho, esa agresividad con la que intentas controlar a los demás; y tercero, despertando y tomando conciencia del precio que te va a suponer continuar con tus actuales patrones de conducta. Es decir, aprendes a ver las causas (lo que piensas y sientes) y los efectos (cómo te comportas y cómo te relacionas) de forma lo suficientemente objetiva como para identificar lo que está sucediendo.

Aquí es donde el eneagrama es de suma utilidad. En una escala mayor, el eneagrama identifica esos patrones y te ayuda a hacer una pausa para observar qué es lo que está sucediendo. El hecho de conocer tu tipo te proporciona una vía para conocer tu historia, y conocer tu historia significa que puedes aprender a cambiarla. No obstante, con mucha frecuencia, nos enzarzamos en nuestras historias de un modo tan inconsciente que es difícil ver el bosque más allá de los árboles. Antes veíamos el mundo y al resto de la gente, así como nuestras respuestas ante ellos, como algo normal, algo con lo que estábamos familiarizados. Y, como ya mencioné en un capítulo anterior, hay personas que usan incluso el eneagrama como una herramienta con la cual reforzar su vieja historia. A veces recorren los dos primeros pasos –descubren su tipo y reconocen sus patrones típicos de conducta–, pero se detienen ahí. Siguen dormidas ante el modo en que la vieja historia dirige su vida, y, cerrando los ojos, se privan de cualquier posibilidad de reescribirla. Sin embargo, crear una narrativa nueva, una narrativa mejor, exige que veamos todo aquello que estaríamos deseando pasar por alto.

Así pues, lo primero que hay que hacer para cambiar la vieja historia es sencillo: no hagas lo que haces habitualmente. Recuerda la idea de Ignacio de Loyola de *agere contra,* de actúa en contra. Es la disciplina espiritual de no hacer lo que normalmente harías. *Agere contra* significa no seguir los movimientos de tus conductas habituales por defecto.

Esto lo puedes hacer tomando conciencia de lo que haces normalmente y que no eras consciente de estar haciendo. Para ello, tienes que desarrollar las habilidades de autoobservación. Sabes que sueles ir con el piloto automático cuando vas con el auto hasta el trabajo o la escuela, o a cualquier otra parte que visites regularmente. Pero, entonces, un día hay un obstáculo en tu ruta habitual, y te ves forzado de repente a prestar atención y a tomar un desvío con el que no estás familiarizado a fin de llegar a tu destino. Y entonces ves los árboles que crecen junto a la autopista, las tiendas que hay junto a los semáforos o escuchas el sonido de las sirenas.

Al no asumir el programa por defecto, te ves obligado a estar en el instante presente.

En eso consiste ser consciente de uno mismo y hacer una pausa.

En cuanto te tomas un tiempo muerto en el modo en que normalmente vives tu vieja historia, tomas una decisión diferente. A mí me gusta verlo como la diferencia entre reaccionar y responder. Las reacciones me llevan a pensar en la tercera ley de Newton de las clases de ciencias: para cada acción, existe una reacción igual y opuesta. Si tomas una manzana de un árbol, la rama saldrá disparada en dirección contraria cuando se rompa el rabo de la manzana. Si le das un puñetazo a alguien, tu puño rebotará en dirección contraria desde el punto de contacto. (Por favor, no intentes este experimento).

Durante la infancia, todos recogemos creencias defectuosas que sustentan y perpetúan la vieja historia con la cual terminamos cargando en la edad adulta. Con el fin de tener una profunda transformación interior, cada tipo tendrá que ver esas creencias que se daban por sentadas y que sustentan la historia arcaica, y tendrá que cuestionarlas y liberarse de ellas. Entre las creencias limitadoras de los Ochos pueden estar:

- Ser vulnerable es demasiado peligroso.
- Soy invencible.
- Puedo hacer lo que quiera.
- Cuando las cosas se ponen difíciles, los fuertes toman las riendas.
- No se tolerará debilidad alguna.
- Nadie puede decirme lo que tengo que hacer.

Obsérvese que la historia que los Ochos se cuentan a sí mismos acerca de quiénes son y cómo funciona el mundo son totalmente opuestas a la historia de un Dios amoroso que concede su gracia. Realmente, ¿hace falta adoptar una postura agresiva y ponerse a la defensiva para protegerse ante la posibilidad de una traición o algo doloroso? ¿Equipara Dios la vulnerabilidad con la debilidad y espera que hagamos lo mismo? Pues no.

En mi novela *Chasing Francis* comento que Tomás de Aquino decía que existen dos tipos de almas.[4] La *magna animi* es el alma grande que se abre audazmente al mundo. Es de donde procede el término «magnánimo». La *pusilla animi* es el alma pequeña que se guarece del mundo. Ve a los demás como amenazas potenciales, como enemigos que esperan para abalanzarse sobre uno. Es de donde procede el término «pusilánime». Los Ochos tienen que darse cuenta de que adoptar una postura pusilánime no es una muestra de fortaleza, es cobardía disfrazada de dureza.

El sacerdote dominico Simon Tugwell definía a los cristianos como a aquellos que, idealmente, viven una «vida radicalmente desprotegida» en forma de cruz. Se atreven a extender los brazos y exponen audazmente su corazón ante el mundo del mismo modo que Jesús hizo en la cruz.[5] Ésta es la vida que se nos pide que vivamos.

Si eres un Ocho, supongo que te alegrará especialmente leer lo que te voy a decir ahora: que dispones de control sobre las decisiones que tomas cada día. Tú eres el narrador de tu propia historia. Por mucho que las circunstancia te confinen, siempre dispondrás de opciones. Cuando te enfureces, no tienes por qué encenderte y arremeter. Cuando estás estresado, no tienes por qué apartarte, acusar, culpar o desviar la atención. Cuando te hacen daño, no tienes por qué enterrar tu dolor tras una fachada estoica de control emocional ni tienes por qué pasar a la ofensiva. Asume el control de tu nueva historia; no dejes que tu vieja historia te controle a ti.

Esto le resultó bastante interesante a mi amiga la doctora Sasha Shillcutt, una Ocho que descubrió el eneagrama mientras participaba en un curso de liderazgo ejecutivo para la atención sanitaria en Harvard.[6]

«Bueno, allá vamos», gimió cuando le pasaron el test del eneagrama—. Cada vez que respondo a un test o una evaluación de personali-

---

4. CRON, I. A.: *Chasing Francis: A Pilgrim's Tale.* NavPress, Colorado Springs, CO, 2006, p. 68.
5. Ibíd., p. 67.
6. Entrevista a Sasha Shillcutt, *Typology,* temporada 4, episodio 29, 7 de enero de 2021. Disponible en www.typologypodcast.com/podcast/2021/07/01/episode04-029/sashashillcutt

dad, terminan saliendo a relucir todas aquellas cosas que no me gustan de mí.

Instrumentos como el Myers-Briggs le parecían estáticos, pues ese test podía decirle cuál de los 16 tipos de personalidad tenía ella, pero no registraba, según ella, movimiento ni crecimiento alguno. Lo que le intrigaba del eneagrama era que llevaba incorporado un sendero de crecimiento y cambio. No sólo etiquetaba su conducta o predecía cómo se comportaría en un entorno estresante, como un quirófano, sino que le hacía saber que disponía de opciones.

«Era la primera vez que realizaba una evaluación interna de mí misma y no me sentía mal, no tenía la sensación de que tuviera un exceso de algo –explicó Sasha–. Porque, como Ocho, soy excesiva. No tengo un regulador de intensidad. Pero, en lugar de sentirme mal y de moderar mi carácter, puedo elegir. Puedo elegir si tomo el camino del estrés o el camino del crecimiento. O puedo elegir si me inclino hacia aquí o hacia allá».

Lo que más le entusiasmaba del eneagrama, como Ocho, era que le proporcionaba opciones para liberarse de sus viejos mecanismos de defensa. Le parecía que era una herramienta de empoderamiento, una herramienta que le permitía no dejarse controlar por su propia personalidad. No tenía por qué reaccionar ante las situaciones de una manera estereotipada, sino que podía utilizar el eneagrama como herramienta de aprendizaje para poner a prueba otros enfoques.

Ésa es la clave. En vez de reaccionar, puedes responder.

Cuando pienso en la diferencia entre reaccionar y responder, me vienen a la cabeza el Holocausto y Viktor Frankl. La primera vez que leí su clásico, *El hombre en busca de sentido,* fue en mi primer año de universidad. Me costaba comprender no sólo cómo había sobrevivido en un campo de concentración nazi durante la Segunda Guerra Mundial, un lugar de horrores que se llevó por delante la vida de la mayor parte de su familia, sino que se las ingenió para encontrar sentido, esperanza y fortaleza en medio de una situación tan brutalmente traumática. La suya es, sin duda, una increíble revisión del relato. Posteriormente, dedicaría su vida a ser psiquiatra, escritor, orador y humanista, y fue muy conocido por un método de psicoterapia que él mismo desarrollo, la logoterapia.

Frankl creía que nuestra capacidad para reconocer y elegir opciones posibles de respuesta ante lo que nos sucede es el fundamento de la libertad humana. Esta libertad interior le permitió soportar las circunstancias más desoladoras de su tortuosa cautividad. Estando prisionero en un campo de concentración, donde aparentemente no disponía de libertad alguna, afirmaba que «siempre disponía de opciones entre las cuales elegir». Conoció a prisioneros que iban de barracón en barracón para consolar a otros prisioneros, a pesar de que ellos mismos estaban sufriendo, y les daban aquel pedazo de pan que ellos mismos necesitaban para mitigar el hambre. «Quizás fueran pocos, pero eran prueba suficiente de que se le puede arrebatar todo a un ser humano salvo una cosa: la última de sus libertades, la de elegir la propia actitud ante cualquier serie de circunstancias, la de elegir el propio camino».[7] Frankl se dio cuenta de que tenía dos opciones: reaccionar simplemente y renunciar a la esperanza, o contemplar la situación de un modo diferente y encontrar espacios de respuesta.

Sea cual sea nuestro tipo de personalidad, nosotros también podemos crear espacios para responder ante cualquier cosa que nos suceda. En tanto que no podemos controlar determinadas circunstancias, sobre todo aquellas que tienen su origen en decisiones de los demás, sí que podemos controlar el modo en que abordamos esos acontecimientos y las acciones que tomemos o no ante ellos. En cuanto nos damos cuenta de que disponemos de un espacio donde ponernos de pie, pasamos a apropiarnos de la libertad de elegir entre responder a la vida o reaccionar ante ella.

El cambio de relato está entrelazado con el proceso mediante el cual tomamos conciencia de que *existe* un espacio, para luego dar los pasos que nos permitan ampliar esa brecha entre la acción y la reacción, de modo que vivamos *con* conciencia en lugar de *sin* conciencia. Al despertar de nuestro trance programado, nos damos cuenta de que ya no tenemos por qué seguir caminando dormidos, como un personaje atrapado en un relato destructivo. Despertamos y tomamos en consideración

---

7. FRANKL, V.: *Man's Search for Meaning*. Better Yourself Books, Bombay, India, 2003, p. 64. (Trad. cast.: *El hombre en busca de sentido*. Herder, Barcelona, 2012).

posibilidades novedosas y diferentes. Creamos un cruce de caminos y giramos en una nueva dirección. Reclamamos la autoría de nuestra historia, en vez de limitarnos a participar de ella.

En cuanto nos damos cuenta de que disponemos de opciones, nos ponemos en situación de replantearnos nuestra perspectiva. Si vas tomando conciencia de cómo te comportas habitualmente y quieres una nueva historia, puedes optar por reemplazar lo que aceptaste subconscientemente haciendo una actualización, determinando qué es verdad para ti ahora en vez de lo que era verdad para ti en tus años de formación. Para los Ochos evolucionados, el mundo puede seguir siendo un lugar hostil, pero descubren también que es un lugar de belleza, de alegría y amor. Se dan cuenta de que pueden bajar la guardia a veces para confiar en los demás, para descansar, para reconocer sus vulnerabilidades. Los Ochos evolucionados comprenden que vulnerabilidad no es debilidad.

Cuando tomamos conciencia de las tendencias de nuestro tipo de personalidad, aprendemos a controlarnos y dejamos de interpretar el mismo papel de nuestra vieja historia, aprendemos a generar espacios con el fin de responder en vez de reaccionar, y aprendemos a replantearnos nuestra perspectiva dentro de una historia mejor.

Ideas para la nueva historia del Ocho

A ningún tipo de personalidad le resulta más fácil que a los demás la reconversión de las viejas historias en historias nuevas. Todo ser humano tiene que hacerse amigo de sí mismo en el proceso de maduración y de transformación para poder convertirse en aquella persona que estaba destinada a ser. Esto no supone simplemente repetirse interiormente determinadas frases de autoayuda y de superación en momentos de dolor, de sufrimiento y de lucha. Hacerse amigo de uno mismo precisa del tipo de aceptación y de paciencia que compartiríamos con alguien a quien queremos y que está sufriendo. Recuerda: los Ochos se mueven hacia una virtud de inocencia, de confianza infantil en la bondad. Deja que la inocencia sea algo así como tu estrella polar mientras piensas en cómo reescribir tu historia.

Para los Ochos como mi madre y Sasha, esto suele tomar el aspecto de un Dos sano y bien desarrollado. Si no estás familiarizado con las flechas del eneagrama –que marcan la dirección hacia y desde tu número en el diagrama de este sistema– verás que los Ochos, cuando se sienten seguros, encarnan las mejores características de los Doses. Se sienten cómodos reconociendo sus propias emociones y necesidades, incluso cuando ofrecen transparencia y reciprocidad a los demás. Tal sanación emocional puede requerir de un trabajo de duelo significativo para abordar las pérdidas de la infancia y las heridas persistentes que dejaron las vulneraciones traumáticas. Pero, a medida que los Ochos comienzan a escribir su nueva historia, reconectan con su corazón y se percatan de lo que significa estar consciente en el presente, en lugar de estar siempre en guardia debido al pasado.

Los Doses son muy conscientes de cómo los perciben los demás y se esfuerzan por respetar los sentimientos ajenos. Imagina lo que supondría para un Ocho poner en práctica tan gran sensibilidad. Conscientes de su tendencia por defecto hacia la ira, los Ochos, cuando desarrollan una nueva historia, aprenden a chequearse antes de establecer comunicación en momentos de tensión, estrés y conflicto. Al igual que los Doses saludables, terminan sintonizando mejor con los sentimientos de los demás. Ya no pierden los estribos, y encuentran el modo de construir puentes en vez de quemarlos. Desarrollan su sentido de la intimidad a través de la ternura, en vez de hacerlo desde la animosidad. Aceptan que los problemas vienen y van sin necesidad de poner en pie sus viejos sistemas de defensa. Si eres un Ocho y quieres reescribir tu historia, muestra respeto, bondad y paciencia cuando hables con los demás, en vez de mostrar actitudes de confrontación por defecto. Recurre a estrategias más suaves *antes* de sumergirte en las situaciones en las que suelas dominar.

Agere contra es una herramienta muy útil para los Ochos. En toda comunicación, muestra aprecio y gratitud a la gente de forma regular. Aprende a valorar el hecho de que hagan las cosas de un modo diferente a ti, y que eso no los convierte en seres débiles. De hecho, quizás te enseñen algo, pues, en el estado de inocencia de tu virtud, te hallarás en mejor disposición para aprender de los demás.

Los Ochos que están reescribiendo su historia deberían ser conscientes de que la mayor parte de la gente no disfruta tanto como ellos de las bromas, las discusiones y las peleas, sobre todo las personas que se relacionan contigo. Quizás para ti las peleas sean terapéuticas, quizás sean una especie de ritual que aclara el ambiente, pero para otras personas pueden resultar estresantes y abrumadoras. Así pues, mientras estés reescribiendo tu historia, deja a un lado tu tendencia a generar conflictos como modo por defecto de estar en el mundo. Haz caso a las señales emocionales de las personas que te rodean.

Además de todo esto, no ataques a quienes te critiquen, aunque se expresen de forma inadecuada o hiriente. Quédate exclusivamente en lo que están diciendo y considera si hay algo de verdad en todo ello. Responsabilízate de tu insistencia en hacer las cosas a tu manera y admite tus errores. Los Ochos sanos no sólo ejercen la crítica, sino que también se toman bien las críticas. Para facilitarte el proceso, crea un círculo interno de personas con las que puedas ser franco y sincero y que hagan exactamente lo mismo contigo. Pídeles retroalimentación de manera regular, quizás una vez a la semana, acerca de cómo te perciben, *y confía en sus impresiones.* Ésa es la clave. Escucha a esos consejeros de confianza y responde del modo adecuado.

No olvides que los líderes más poderosos son aquellos que empoderan a los demás, no los que acaparan la autoridad y la toma de decisiones para sí. Por tanto, prueba regularmente a delegar en los demás, en lugar de tomar automáticamente la iniciativa. Prueba a decir: «¡Estupendo, vamos a hacerlo así!» al menos una vez al día, y dilo de corazón. Duda de tu propia certeza de tener siempre razón y tómate en serio la idea de que quizás otra persona pueda estar en lo cierto. Libérate del yugo de ser el único que toma la mayor parte de las decisiones. Te va a dar miedo ceder el control de esta manera, de modo que apoya el liderazgo de alguien en concreto en quien confías y a quien respetas. Busca el modo de orientar y de animar a quienes te buscan como ejemplo. Poco a poco, a medida que vayas constatando que esos experimentos te salen bien, irás sintiendo la libertad que deviene de no tener que controlarlo todo.

Por último, examínate de forma regular. Reconoce aquellas situaciones en las que te comportas con dureza para compensar sentimientos de debilidad o vulnerabilidad. Recuérdate, con voz compasiva, «He vuelto a caer en la vieja historia. Realmente, ¿quiero estar ahí? ¿Terminará bien esto?». Y recuerda que está bien no sentirse fuerte en todo momento. Cuando te enfades, reconoce tu cólera en ese mismo instante, y hazlo preferiblemente de un modo adecuado, constructivo y razonable, en lugar de aferrarte al enfado y de albergar rencores que pueden hacerse grandes con el transcurso del tiempo. No urdas ni elabores escenarios de revancha con los cuales «devolvérsela» a quienes te hayan herido, que es el distintivo de un Ocho malsano.[8] Una parte importante de reescribir tu historia va a consistir en la capacidad para pasar página.

En su nueva historia, los Ochos se convierten en líderes brillantes debido a que se ocupan más de servir a aquellos que los siguen que de ejercitar su poder sobre ellos. Piensa en Harriet Tubman cuando organizó la red antiesclavista del Ferrocarril Subterráneo, en Winston Churchill durante los bombardeos de Gran Bretaña en la Segunda Guerra Mundial, o en Martin Luther King galvanizando a todo un país tras el movimiento por los derechos civiles.

Los Ochos quieren asumir el mando; pero, si están dispuestos a abandonar su vieja historia, pueden esperar un viaje más tranquilo. Disfrutarán viviendo una nueva historia en la que recurrirán a toda la gama de emociones y fortalezas humanas de su verdadero yo.

---

8. PALMER, H.: *The Enneagram: Understanding Yourself and the Others in Your Life.* HarperOne, San Francisco, 1988, p. 316. (Trad. cast.: *El eneagrama: Un prodigioso sistema de identificación de los tipos de personalidad.* La Liebre de Marzo, Barcelona, 2011).

4

La historia del Nueve

Un despertar para el Pacificador

«No encontrarás la paz redisponiendo las circunstancias de tu vida,
sino dándote cuenta de quién eres en el nivel más profundo».

—Eckhart Tolle

Conocí a Mike McHargue hace unos años en el Wild Goose Festival
(Festival del Ganso Salvaje), donde le escuché dar una asombrosa charla sobre el punto de encuentro entre la ciencia y la fe. Poco podía imaginar que nos haríamos amigos y que me abriría los ojos un día al fas-
cinante territorio interior de los Nueves del eneagrama.

Mike desarrolló su historia de Nueve muy pronto en la vida. En su
familia había una figura de autoridad que le aterrorizaba, y esa experiencia le enseñó la lección que la mayoría de los Nueves interiorizan
desde la infancia: que los conflictos dan miedo, que hay que evitar la
ira, y que mantener la conexión con la otra persona es vital para estar
en sintonía con su estado de ánimo y que todo fluya.[1]

---

1.   Entrevista a Mike McHargue, *Typology* Temporada 1, episodio 23, 14 de diciem-
     bre de 2017, disponible en www.typologypodcast.com/podcast/2017/14/12/
     episode23/sciencemike.

Mike desarrolló una antena supersensible «para predecir tormentas emocionales en el horizonte y prevenirlas», tal como lo explica él. Su propia ira le asustaba, lo cual es bastante habitual en los Nueves. ¿Qué pasaría si estallaba y se volvía igual que aquella persona de autoridad que tanto le había aterrado? De modo que lo metía todo en lo que él llamaba su «sótano del Nueve», donde jamás podría explotar. Su tarea consistía en mantener la paz.

Mike es «Mike el Científico» en el pódcast *The Liturgists* (Los liturgistas). Es un autor superventas, asesor científico en el cine y la televisión, además de un conferenciante muy solicitado. Pero, cuando era niño, desvanecerse en las sombras era su mejor estrategia de defensa. La invisibilidad le ayudó a gestionar su mundo.

Durante su infancia, se veía acosado con frecuencia por otros niños, situación que aprendió a gestionar apuntando su precisa antena hacia sus acosadores para saber qué los movía. Determinó cuáles de sus propios comportamientos podían molestarles y cuáles podían convertirle en un objetivo menor para ellos, para así desaparecer de su radar. Y lo que mejor le funcionaba era mimetizarse con el papel pintado. Socialmente, no buscaba ser aceptado; ésa era una meta demasiado alta. Para él, «ser simplemente ignorado» ya suponía un gran logro.

La creencia de Mike de que mantener la armonía dependía de él es un elemento común en las historias que muchos Nueves se construyen acerca de lo que deben hacer para sobrevivir. Los Nueves aprenden con rapidez que el mundo es un lugar inquietante y plagado de conflictos. Y, en consecuencia, se dicen lo que tienen que hacer y decir siempre que pueden para escapar de tal drama y conformarse a cualquier comportamiento que pueda evitar la detonación de explosiones. La mayoría de los Nueves se llevan bien con los demás hasta que sus hermanos, amistades o miembros de la familia generan un conflicto. Entonces, los Nueves adormecen su ira y pierden el contacto con ella a fin de mantener la paz.

Para muchos Nueves, este patrón de evitación del conflicto y de adormecimiento de su vida emocional se prolonga hasta bien entrada la edad adulta. En el caso de Mike, el despertar le llegó pasados los treinta años, cuando iba a terapia debido a una transición de fe. «Ya no creía en lo que creía anteriormente y me encontré de pronto como expulsado de mi comunidad religiosa, lo cual me resultó increíblemente traumático», dice. La terapeuta le pidió que le contara alguna otra ocasión en la que se hubiera sentido rechazado, y fue entonces cuando se descubrió a sí mismo repasando «en términos clínicos y con insoportable detalle» todos los momentos de acoso que había sufrido en su infancia.

Pero relató aquella historia sin ningún vínculo emocional alguna con lo que había sucedido, lo cual le hizo sentirse bien consigo mismo, al pensar que había procesado por completo el dolor que aquellas situaciones le habían provocado.

La terapeuta le preguntó:

—Bueno, ¿cómo te sentías con todo aquello?

Fue sólo una sencilla pregunta, pero impactó en Mike con una fuerza inusitada.

—Fue como si recorriera el pasillo de mi casa y hubiera visto una puerta que nunca antes hubiera visto, y como si hubiera puesto la mano en la puerta y… y estuviera tan caliente como si el mismísimo Sol estuviera tras la puerta, como si toda la casa estuviera en llamas al otro lado de aquella puerta.

Mike le dijo a la terapeuta que aquella pregunta le hacía sentirse incómodo.

—Si te digo cómo me siento, o me pongo a gritar o a sollozar –le advirtió.

—¿Y por qué iba a ser malo comportarte así?

—Bueno, sería un derroche emocional. No es agradable sentirse así, y no se logra nada con ello.

—¿Crees que es más saludable embotellar todos esos sentimientos ahí dentro? –insistió ella–. ¿Qué te parece si me cuentas cómo te sentías? Y si lloras, pues lloras; será perfecto.

De modo que Mike comenzó a repasar sus sentimientos, pero no pudo pronunciar una palabra hasta después de un rato de estar sollozando. Sin embargo, entonces, se detuvo de golpe, se secó las lágrimas y no volvió a llorar.

—¿Qué ha pasado? –preguntó la terapeuta.

Y Mike se dio cuenta de que su cuerpo estaba haciendo exactamente lo que él le había enseñado a hacer cuando lo acosaban durante su infancia: *no llores, porque eso sólo hará que estos matones sigan pegándote.*

El problema era que aquella vieja historia que le había funcionado tan bien en la infancia para protegerse de los acosadores le estaba impidiendo, ya como adulto, manifestar su ira y su tristeza. Había llegado a los treinta y tantos años y era incapaz de llorar, ni siquiera con el fallecimiento de un miembro de la familia, de modo que había décadas de insensibilización que desandar.

«Me pasé varios meses en la consulta de la terapeuta dejando salir treinta y tantos años de dolor –me dijo–. Y una vez que fui capaz de hacerlo, fue ese mismo río salobre que salía de mi alma el que me hizo sentir limpio».

Mike estaba despertando a su dolor y a su cólera.

Ver: La historia original del Nueve

La situación emocional de Mike es típica de los Nueves. Por una parte, son como un habitante de Kansas buscando refugio en el sótano durante un tornado. Son personas que aprenden a leer los patrones climáticos emocionales de los demás para luego acurrucarse en lo más profundo cuando no se puede evitar una crisis. Por otra parte, terminan insensibilizados a sus propios patrones climáticos, y con frecuencia reprimen sus propios sentimientos y deseos durante tanto tiempo que ni siquiera saben qué son esos sentimientos y esos deseos.

Mientras crecen, los Nueves formulan una historia que sigue más o menos este discurso: «El mundo amenaza mi armonía interior. Las personas importantes de mi vida reaccionan ante las circunstancias y entre sí de maneras que me asustan y me inquietan. Para sobrevivir, será mejor no tocar el tema. Tengo que evitar los conflictos y mantener la paz. Mejor hacerme invisible que dar voz a mis necesidades, sentimientos y preferencias».

Esta narrativa se nutre del acomodo y la paz interior: yo estaré bien en la medida en que todo el mundo esté bien.

Lo que mantiene viva la historia rota del Nueve son sus creencias erróneas inconscientes. Si los Nueves quieren desmontar su vieja historia y dejar espacio para otra nueva, tendrán que traer a la conciencia esas creencias defectuosas y tendrán que cuestionarlas. Entre las creencias inconscientes y gratuitas que mantienen a los Nueves atrapados en su vieja historia se encuentran:

- Lo que quiero no importa en realidad.
- La atención de los demás está bien, siempre y cuando no se centren en mí demasiado.
- Todo está bien si no hay conflictos.
- Normalmente, consigo que los demás satisfagan mis necesidades olvidándome de mí mismo, de mis ideas y de mi agenda.
- Es mejor que la vida no te afecte demasiado.
- Soy una buena persona que no se enfada.
- Estoy bien, siempre y cuando todos los demás estén bien.
- Necesito hacer feliz a la gente, aunque eso signifique sacrificar mis prioridades.

Los Nueves suelen ser los niños de los que no hay que ocuparse demasiado que todo padre o madre querría. A veces les llaman los «encantos» del eneagrama y con frecuencia exhiben las mejores cualidades de los ocho tipos restantes, pues se funden con las prioridades y las opiniones de los demás a fin de evitar conflictos. Los Nueves parecen saber intuitivamente qué es lo que quieren los demás y se adaptan a ello.

Como niños no dan problemas, aunque suelen tener la sensación de que los demás no les prestan atención ni reconocen sus perspectivas, opiniones o deseos. Les parece que los demás tienen opiniones más intensas acerca de lo que quieren, de manera que los Nueves optan por no alterar el orden del día haciéndose valer.

El terapeuta familiar Chris González empezó su andadura como Nueve de forma bastante consciente, a pesar de ser un niño, y a pesar de que no sabía nada de eneagramas ni sabía qué nombre darle a lo que estaba haciendo.[2] «Yo tengo un hermano mayor a quien le atraen los conflictos, y viendo cómo le estaba yendo a él, decidí que aquél no era el camino que yo quería seguir», dice. Su hermano era buena persona, pero dejó tras de sí «un reguero de destrucción» que marcó profundamente a Chris. «Así pues, decidí, "Yo voy a ser todo lo contrario. Voy a ser tan silencioso como me sea posible. Voy a hacerme invisible. Sé adónde puede llevar el conflicto, de modo que no quiero eso"».

De hecho, Chris se puso a escribir unas memorias a las que puso el título apropiado de *Lecciones de invisibilidad*. Pero no terminó de escribir aquel libro: «Está por ahí en un archivo con otro centenar de historias que algún día reuniré; obviamente, algún día».

Lo que Chris está reconociendo aquí, medio en broma, es que los Nueves no suelen terminar las cosas. No tienen la necesidad de control que tienen los Ochos, ni el miedo de los Unos a hacer las cosas mal; tampoco tienen la necesidad de éxito de los Treses. La pasión de los Nueves es la pereza, que solemos asociar con la holgazanería física, pero esto no es más que una pequeña parte de la pereza. Cierto es que algunos Nueves parecen tener menos resistencia que otras personas, y que incluso pueden quedarse dormidos en determinadas situaciones.

Por ejemplo, Mike McHague se fue de viaje en el extranjero con unos amigos y se convirtió en motivo de bromas en el grupo por el hecho de que se dormía en todas partes. En un ruidoso café, sólo necesito estar sentado cinco minutos para reclinar la cabeza hacia atrás en la pared y ausentarse. Se hizo tan invisible que el grupo se fue sin él, y no se dieron cuenta hasta más tarde que se había quedado dormido en su silla en el restaurante.

En el caso de Mike, ésta es una historia divertida. Pero, para muchos Nueves, la necesidad de adormecerse o de ausentarse periódicamente, y la tendencia a posponerlo todo, guarda relación con su incapacidad para determinar qué es lo que quieren. El patrón aprendido de reprimir los propios deseos durante la infancia suele traer consigo que, al llegar a la edad adulta, les resulta difícil sellar un acuerdo, desarrollar sus pro-

---

2. Entrevista a Chris González (panel de Nueves), *Typology*, temporada 1, episodio 7, 17 de agosto de 2017, disponible en www.typologypodcast.com/podcast/2017/08/17/episode7/panelof9s

pios dones de un modo significativo o seguir los pasos que les podrían llevar a una meta. Chris y Mike son excepciones en el sentido de que superaron este patrón y están persiguiendo sus sueños, habiendo tenido un notable éxito en los campos de ejecución que eligieron. Pero por cada Chris y por cada Mike hay una multitud de Nueves adormilados que no saben muy bien cuáles son sus sueños ni tienen la más remota idea de cómo ir en pos de ellos.

Tomar una decisión se les puede hacer eterno a los Nueves, y muchas veces no cumplen con los plazos estipulados en sus trabajos, posponen las cosas o se «narcotizan» cuando se sumen en el estrés. Eso no significa necesariamente que estén consumiendo drogas, sino más bien que disponen de un buen número de estrategias para desconectar del mundo. Pueden darse un atracón de helado, emplear horas con un videojuego o pasarse el fin de semana entero en el sofá viendo reposiciones de una serie de televisión.

Tanto mi esposa Anne como mi hija Maddie son Nueves saludables y, con todo, puedo saber a ciencia cierta cuándo están pasando una mala temporada. A lo mejor estamos haciendo algo juntos que les entusiasma, como cocinar o escuchar un pódcast, o jugar al *cornhole* (uf, esto lo hacemos mucho),[3] y, sin embargo, están mental y emocionalmente ausentes. Cuando pisan el embrague y desconectan la transmisión mental, sé que algún enfado, una frustración o la preocupación por tener que tomar una decisión está ocupando su mente. Y cuando esto sucede, les pregunto con delicadeza si hay algo bajo la superficie (a veces esa pregunta va bien, a veces no tanto).

Las conductas adormecedoras de algunos Nueves pueden incluso traer consigo comportamientos que, en otras circunstancias, serían perfectamente saludables, como desaparecer durante horas para perderse caminando por los bosques (a muchos Nueves les encanta la naturaleza), leer novelas o hacer ejercicio. Sea cual sea la actividad, si el motivo de ésta estriba en reprimir un deseo o un enfado no reconocido,

---

3. El *cornhole* es un juego en el que se lanzan bolsitas llenas de granos secos de maíz a una diana consistente en una plataforma de madera inclinada hacia arriba con un agujero en el extremo superior. *(N. del T.)*

o en huir de un conflicto, tal actividad no será otra cosa que un mecanismo de defensa del Nueve: la narcosis.

En el fondo, los Nueves tienen miedo de que si reivindican su propia agenda, tendrán que competir con los deseos, las ambiciones o los sueños de otra persona con la cual no quieren perder el vínculo. Aferrándose al guion que han memorizado, estos Nueves carecerán de iniciativa porque el cambio –incluso un cambio positivo– los asusta y les exige quemar calorías, de ahí que prefieran los viejos demonios conocidos.

Si no despiertan y toman la decisión de habitar una nueva historia, los Nueves pueden terminar llevando una vida indigna de sus talentos y de su espíritu.

Asumir como propio: Las fortalezas y las sombras del Nueve

He podido constatar que los Nueves lo suelen pasar verdaderamente mal haciendo las paces con su tipo de eneagrama. «Bueno, puedo verme a mí mismo en eso», dirán cuando se les ponga delante la creatividad de un Cuatro, la solicitud de un Dos o la lealtad de un Seis. En un Nueve no evolucionado, esto sucede debido a su capacidad para identificarse con el punto de vista de cada uno de los demás tipos. No han hecho un trabajo de individuación, prefiriendo ocultarse tras personalidades más fuertes o tras las opiniones, más intensas, de otros en el grupo. Así es más fácil.

Audrey Assad, una fantástica cantante a la que admiro, dice que, cuando era más joven, tenía la costumbre de fundirse con los demás, y sostiene que aquélla no era una dinámica saludable.[4] «Confundimos el enmarañarnos con la empatía», dice. Si no estaba plenamente anclada en sí misma, se convertía en «un percebe que se sumergía junto con el submarino» debido a la intensidad con la que se involucraba en la vida y los dramas de los demás. Su sensibilidad emocional ante el dolor de otra persona podía ser una gran virtud, pero su tendencia de Nueve a fundir-

---

4. Entrevista a Audrey Assad, *Typology*, temporada 4, episodio 34, 11 de febrero de 2021, disponible en www.typologypodcast.com/podcast/2021/11/02/episode04-034/audreyassad

se con la otra persona era también un problema; hasta el punto que, tal como lo describe ella, terminaba siendo víctima de «vampirismo».

Pero los Nueves sanos, aquellos que se han desprendido de la vieja historia que les dice que sus deseos y preferencias no importan, comienzan a manifestar hermosas virtudes a partir del momento en el que empiezan a florecer. Los Nueves que han desarrollado una nueva historia son sorprendentes. Dejan que la vida fluya de forma natural, ofreciendo al resto del mundo la libertad y el espacio necesarios para crecer a su debido tiempo y a su propio ritmo. Son rápidos en el amor, lentos en el juicio y rara vez piden que se reconozcan los esfuerzos que ponen en el cuidado de otras personas (los cuales, puedo asegurar, son considerables).

Uno de esos Nueves evolucionados es mi amigo William Paul Young, autor de un *bestseller,* una novela titulada *La cabaña,*[5] que dice que él nunca se enfadó hasta que cumplió los 38 años y su vida se desmoronó.[6] Aquella implosión fue muy positiva, porque en su vida había tenido muchos motivos para enfurecerse, como, por ejemplo, un grave trauma de infancia por el que nunca se había consentido hacer duelo.

Y actualmente, hallándose en una posición más saludable, Paul exhibe una cualidad casi mística que yo adoro: su tolerancia de Nueve, que se extiende a todo el mundo que le rodea. Del mismo modo que dije que los Nueves no sanos pueden ser difíciles de identificar debido a que se funden con otras personas de un modo abnegado, los Nueves sanos también pueden ser difíciles de identificar, pero por un motivo distinto: porque integran de la forma más bella las fortalezas y virtudes de los otros números. Y Paul es de ésos. En la actualidad, se enfada de vez en cuando –puede llegar incluso a ponerse furioso– y se lo consiente para fomentar su creatividad. «No quiero que esa furia perjudique algo que considero una verdad de los seres humanos –dice ahora–. Quiero que deje al descubierto la corrupción y las injusticias perpetradas, las que nos hacemos unos a otros y las que nos hacemos a nosotros

---

5. Publicado por Booket, Madrid, 2010.
6. Entrevistas a William Paul Young, *Typology,* temporada 1, episodios 36 y 37, 22 y 29 de marzo de 2018, disponible en https://typology.libsyn.com/036-wm-paul-young y www.typologypodcast.com/podcast/2018/29/03/episode37/paulyoung

mismos. Siento más furia en mi vida ahora de la que nunca haya sentido, pero no la siento como una carga. Para mí, es la evidencia de que mi corazón está ahora más sano». Paul puede llorar y puede sentir, y puede incluso decidir dónde quiere ir a cenar, lo cual es algo que hace pasar un mal rato a un Nueve no evolucionado. Paul se ha apropiado de la fortaleza del Nueve.

Despertar: Determinar el precio

Paul fue afortunado: despertó poco antes de los cuarenta, aunque le resultó ciertamente doloroso. En cambio, otros Nueves siguen adormecidos, tambaleándose día a día como si atravesaran un campo minado, intentando no dar un paso en falso que pueda hacer pedazos su sensación interna de paz. Y, en el peor de los casos, siguen aceptando las decisiones de los demás a expensas de su propia sensación de identidad. Atrapados en su vieja historia, dicen, «Si a ti no te importa, a mí tampoco; lo que decidas estará bien», mientras que, por dentro, quizás subconscientemente, su verdadero yo se vuelve cada vez más colérico y obcecado. Si no se controlan, los Nueves no desarrollados pueden parecer personas agradables y de trato fácil en un principio, pero pueden mostrar súbitamente conductas pasivo-agresivas, a medida que el resentimiento se acumule durante ese proceso que les lleva a acomodarse a los demás para mantener la paz.

A veces, hace falta que suceda algo dramático para despertar la cólera de un Nueve. Mi amigo Seth Abram, un *podcaster* del eneagrama que es un Nueve, tuvo un extraño acceso de ira en una ocasión, cuando presenció el horrible maltrato al que era sometido un miembro de su familia.[7] La emoción fue tan intensa que se fue de casa, se subió a su coche y se dirigió hasta un aparcamiento cercano, donde se detuvo y se puso a gritar y a dar puñetazos al volante del coche.

---

7. Seth Abram, conversación telefónica con Jana Riess, 8 de marzo de 2021. Puedes encontrar a Seth en *Fathoms: An Enneagram Podcast,* disponible en https:// fathoms.podbean.com/

«No he tenido muchos momentos como éste –dice–. Cuando me pongo iracundo, siento que sería capaz de levantar un automóvil y arrojarlo al otro lado de la sala como si no pesara nada. Así es como me siento en esos momentos, como si tuviera la fuerza de diez hombres. Y es justo lo opuesto a lo que se podría esperar de un Nueve».

Seth llamó a su mejor amigo para que le ayudara a procesar aquella emoción tan intensa. Después de diez años de amistad, Seth sabía que se sentiría seguro con él, que posiblemente podría gestionar este aspecto suyo, pero no dejaba de haber riesgos. «Aquélla era una versión de mí que él nunca había visto. No había visto ni señal de ella. Pero estuve allí gritando y vociferando durante quince minutos al máximo que me permitían los pulmones».

Más tarde, cuando se calmó, Seth volvió a llamar a su amigo, preguntándose si habría cruzado alguna línea con él.

—¿Cómo lo has vivido? –preguntó Seth disculpándose–. Espero no haber sido ofensivo para ti, pero necesitaba sacarlo.

—No tienes por qué disculparte, tío –respondió el amigo–. Nunca te había visto tan vivo.

¡Vaya afirmación para un Nueve! Seth obtuvo dos increíbles regalos con esta experiencia. En primer lugar, aprendió que, aunque su cólera era temible, también le proporcionaba poder. «Es el verdadero sentido de la palabra "incorporación", pues estoy experimentando cada célula, cada gramo, cada aspecto de mi fisicidad, todo a la vez. Realmente, me siento más grande de lo que realmente soy». Y, en segundo lugar, su cólera fue realmente hermosa para alguien que le quería. Aquel amigo no sólo absorbió las ondas emocionales de Seth, sino que llegó a verlas como algo sagrado.

Reescribir: Elabora tu nueva historia

Como hemos podido ver, la pasión de los Nueves es la pereza. Si estás familiarizado con el comportamiento de los perezosos en la naturaleza, sabrás que se mueven muy lentamente y que duermen mucho. De hecho, hay una variedad de perezoso que se mueve tan lento y lo hace tan pocas veces que le crecen algas en el pelaje. Y esto supone una ventaja, dado que los perezosos evitan los conflictos y se ocultan mejor de los depredadores cuando se camuflan con las hojas de los árboles donde establecen su hogar. Los perezosos comen principalmente las hojas y las plantas que tienen a su alcance, pero, si se les pone a tiro un insecto, también se lo zampan, siempre y cuando su captura no suponga un esfuerzo. No son exigentes con su alimentación, ni con sus compañías ni con su entorno. En realidad, no son exigentes con nada. Algunos se pasan toda la vida relajados en el mismo árbol que los vio nacer.[8]

De modo que ya ves por qué el perezoso es la mascota perfecta del sonámbulo Nueve, cuya vieja historia se centra en huir del conflicto, en evitar los cambios a toda costa y en actuar como si todo lo que ocurriera a su alrededor le pareciera bien. La inercia de un Nueve no desarrollado es digna de ver, pues los Nueves son como la encarnación humana de la primera ley de Newton, que afirma que un objeto en reposo tiende a permanecer en reposo «a menos que se vea obligado a cambiar de estado por la acción de una fuerza externa».[9]

El desafío que tiene que afrontar el Nueve es el paso desde la pasión de la pereza a la virtud de la acción correcta. Ahí se halla la esperanza de un verdadero despertar, la oportunidad de reescribir su historia. El problema estriba, como deja claro la ley de la inercia de Newton, en que los Nueves no muestran inclinación alguna a moverse por iniciativa propia, a menos que una fuerza externa actúe sobre ellos.

Me gustaría señalar que todos los tipos del eneagrama van a contracorriente cuando practican el *agere contra* y pasan de la pasión a la virtud. Sin embargo, poner en marcha este proceso puede ser aún más difícil para los Nueves en la medida en que el mero hecho de moverse va contra sus tendencias naturales. En su caso, reescribir la historia no sólo supone actuar de un modo diferente al habitual, como vimos en el Ocho, sino que, para empezar, supone tomar la decisión de actuar. Para los Nueves, el *agere* contra comienza con la mera decisión de hacer algo.

8. Bradford, A.: «Sloths: The World's Slowest Mammals». *Live Science* (26 de noviembre de 2018), disponible en www.livescience.com/27612-sloths.html
9. Leyes del Movimiento de Newton, disponible en https://www1.grc.nasa.gov/beginners-guide-to-aeronautics/newtons-laws-of-motion/

Pero los resultados merecen la pena. Cuando los Nueves comienzan a despertar, inician un proceso de individuación y enfoque. Y, cuando lo hacen, se sorprenden al ver lo mucho que disfrutan los demás al descubrir quiénes son en realidad, cuando no están aceptándolo todo automáticamente, como le ocurrió a Seth cuando perdió por completo los estribos. Estos Nueves se dan cuenta de que la vieja historia no es cierta a medida que las personas que los rodean sí que valoran sus opiniones y preferencias. Sus amistades, familiares y colegas no los van a rechazar ni van a entrar en pugna con ellos cuando den voz a sus decisiones o expresen su cólera. Y aun en el caso de que los demás se muestren en desacuerdo o surja un conflicto, los Nueves despiertos se dan cuenta de que eso también está bien. Se dan cuenta de que exageraron demasiado las posibles consecuencias de un enfrentamiento. Y aunque puede que nunca se sientan del todo cómodos en estas situaciones, terminan aceptando el conflicto como algo inevitable en la vida.

Un conocido me dijo que había descubierto dos maneras de cambiar su vieja historia de Nueve. La primera es, simplemente, cultivar un sentido más sólido de su verdadero yo haciendo cosas que le exijan invertir en sí mismo. Los Nueves pueden ser holgazanes con el desarrollo personal; de modo que, para este hombre, invertir en sí mismo supuso ir a clases de guitarra, hacer una excursión al menos una vez al mes con un par de compañeros del trabajo y dirigir el debate del siguiente libro en su grupo de rehabilitación de doce pasos. Hacer todo esto implica dedicar menos tiempo a ver la televisión, a perderse en tareas sin sentido y a vegetar por casa.

También dedica entre cinco y diez minutos cada mañana a rezar, meditar o simplemente ser consciente de su despertar, tanto en sentido literal como figurativo. Esta segunda práctica le ayuda a reconocer la notable diferencia que su presencia tiene en la vida de otras personas.

«Mi mujer me regaló esta taza de café que dice me estoy expresando. Me recuerda que debo prestar atención. Es una llamada de atención literal para que piense en cómo puedo evitar el piloto automático y de qué forma puedo ayudar a mejorar el mundo de la gente que me rodea».

Y cuando le insté a que me dijera qué aspecto podría tener eso, me dijo que muchas veces supone forzarse en tomar conciencia de que su mente comienza a deambular, obligándose a permanecer en el instante presente en vez de dejarse llevar.

Otros Nueves me han dicho que también se benefician de la utilización de un «tótem», un recordatorio que los lleva a reenfocar la atención en el instante presente. Para algunos, es tan sencillo como una nota en un pósit en el espejo del baño. Otros se ponen un brazalete o algo al cuello, llevan una piedra de algún lugar sagrado en el bolsillo o cuelgan una foto especial o algo artístico que puedan ver a lo largo del día. No hay nada mágico en todas estas cosas; son simples recordatorios que les permiten cortar con la inercia y el desorden que los Nueves se consintieron en otro tiempo. Estos Nueves utilizan los objetos para romper viejos patrones a lo largo del día. Cuando tienen la sensación de estar alejándose del instante presente, dejan que el tótem rompa el hechizo y restablecen su plena atención sobre lo que tienen justo delante de ellos.

Ideas para la nueva historia del Nueve

Los Nueves con una historia nueva son personas asombrosas que tienen mucho que dar al mundo. Su capacidad innata para ver los puntos de vista de los demás, para mediar entre facciones opuestas y para extender su bondad y compasión los sitúan en una posición única, en la cual pueden identificar a cada uno de los otros tipos mientras se esfuerzan por liberar la belleza de su verdadero yo. Pero al igual que al resto de tipos de personalidad, cambiar su historia les va a exigir altas dosis de observación de sí mismos, de intencionalidad y de acción.

He aquí una idea que Audrey Assad utiliza para contrarrestar su tendencia a fundirse erróneamente con los demás. Cuando siente que está cayendo en esta inclinación, respira profundamente y evalúa la situación. «¿Por dónde se están disolviendo mis límites?», se pregunta, y luego imagina un límite físico en torno suyo, una frontera que le ayuda a preservar su identidad individual. Sigue en disposición de ayudar a los demás, pues puede atravesar ese límite para mostrar su empatía con una amiga o amigo, pero conserva su sensación del yo.

Cuando los Nueves entran en las primeras fases del SOAR, convendrá que confeccionen una lista de las estrategias adormecedoras que suelen utilizar, como navegar por Internet, perder el tiempo con juegos de todo tipo (sí, los crucigramas y los sudokus también cuentan), escuchar pódcast, comer dónuts, darse atracones de series de HBO, o cualquier otra cosa. Si eres un Nueve, presta atención a los momentos en los que te deslizas del presente para buscar estas salidas de escape. Elige una de ellas y esfuérzate por sacarla de tu vida. No vas a superarlas todas a la vez, pero te sentirás más capaz si te pones simplemente manos a la obra.

Otra estrategia consiste en revisar tus hábitos y rutinas regulares y hacer al menos un cambio que te recuerde que has cambiado en parte la historia que te has estado contando a ti mismo durante tantos años. En vez de «Soy muy vago. Intento hacer la colada cada semana, pero nunca lo consigo», podrías decirte, «El miércoles es el día de la colada, y así no tengo que pensar en ello el resto de la semana». Puede ir bien que involucres a alguien cercano en este proceso, particularmente si se trata de alguien que dependa de ti para hacer las cosas. Después, emprende la acción correcta.

Plántate ante los demás cada día haciendo aquello que te has comprometido a hacer por ellos, y hazlo de la manera más eficiente posible: llegando al trabajo a la hora establecida, inscribiendo a tus hijos en el campamento de fútbol que te pidieron antes del plazo límite, pidiendo cita con el médico, enviando un *email,* asistiendo a la reunión del comité y participando activamente en él, etc. Sorpréndelos, y sorpréndete a ti mismo, haciendo algo que hay que hacer antes de que nadie te recrimine por ello. Con el tiempo te será más fácil. ¿Te acuerdas de la ley de la inercia de Newton de que un objeto en reposo tiende a permanecer en reposo? Pues, bien, esa ley tiene una segunda parte: que un objeto en movimiento tiende a permanecer en movimiento. De modo que, en cuanto comiences a dar pasos de forma regular para reescribir tu vieja historia, estarás en movimiento, y el *movimiento* se convertirá en el modo por defecto, aquel que no podrás alterar salvo que pongas mucha energía en ello.

Pero no te olvides de ti mismo en este proceso, mientras aprendes a mostrarte de otro modo ante los demás y rompes con tu hábito por defecto que te lleva a ausentarte de la vida. No estás haciendo esto simplemente para que los demás estén felices o para que dejen de incordiarte por hacer lo justo para salir adelante. Esto lo estás haciendo por ti. Una cosa de la que me he dado cuenta con los Nueves que están espiritualmente dormidos es que descartan de forma rutinaria sus propios deseos y anticipan que los demás también los van a descartar. Pues, bien, no hagas eso. Aplícate a ti mismo una empatía incondicional. De hecho, éste es el modo en el que todos los tipos de personalidad experimentan el cambio, cosa que seguiremos explorando, pero que para los Nueves es especialmente importante. Nunca olvidaré el modo en el que Anne Bogel describió su primera dosis de empatía por sí misma.[10] Anne es una bloguera, *podcaster*, escritora e *influencer* para lectores, escritores y amantes de los libros. Siendo una Nueve clásica, Anne comentó que, en cierta ocasión, su terapeuta la retó a que se respondiera a sí misma del modo en que habría tratado a una adolescente que estuviera emergiendo de acontecimientos similares en su vida como aquellos que habían conformado la historia de Anne.

—¿Conoces a alguna chica de dieciséis años? –preguntó la terapeuta– Imagina que esto le estuviera ocurriendo a ella.

—¡Oh, pobre chica! –exclamó Anne, impactada repentinamente por la posibilidad de aceptarse y consolarse del mismo modo que hubiera hecho con una hija, una sobrina o una amiga.

«Aquello cambio totalmente mi forma de ver la situación», dijo Anne en la entrevista, añadiendo que no habría dudado ni un instante en aconsejar, orientar y abrazar a otra persona en tal situación, pero que siempre había forcejeado con la idea de mostrar una amabilidad similar consigo misma. Hay Nueves a quienes les resulta difícil imaginarse haciendo eso mismo antes de reconocer que ellos también merecen la misma compasión.

Cuando se deshacen de sus viejas historias, los Nueves suelen convertirse en líderes increíblemente conscientes de sí mismos, pues incorporan una integridad y un fundamento anímico capaces de combinar los superpoderes de los otros ocho tipos. Se convierten en prismas, no

---

10. Entrevista a Anne Bogel, *Typology*, temporada 1, episodio 32, 22 de febrero de 2018, disponible en www.typologypodcast.com/podcast/2017/22/02/episode32/annebogel

en coleccionistas, de las historias de los demás, siendo capaces de escuchar, aceptar y ofrecer ideas de maneras claramente trascendentes.

Estos Nueves ya no dan vueltas y más vueltas a cada decisión que tienen que tomar ni se pierden en distracciones absurdas. Pueden utilizar su increíble capacidad para ver todos los aspectos de cualquier circunstancia dada y desprenderse de su compromiso con la vieja historia para encontrar la mejor opción, lo cual consume mucha menos energía mental y les evita sumirse en el agotamiento y el estancamiento. Cuando los Nueves aprenden a dejar de rumiar, empiezan a dedicar tiempo a todo aquello que les trae paz, amor y alegría, y a compartir estos regalos con las personas que les rodean.

5

La historia del Uno

Aceptación radical para el Reformador

«No tengas miedo a la perfección…, nunca la alcanzarás».
—Salvador Dalí

Yo diría que Amy Julia Becker nació siendo responsable. Siendo la mayor de cuatro hermanos, ayudaba a sus progenitores en las tareas de la casa sacando los platos del lavavajillas sin que nadie se lo dijera. Tomaba nota de los mensajes telefónicos para sus progenitores, obtenía excelentes notas en la escuela y nunca se metía en problemas. (Me resulta difícil comprender este tipo de comportamiento obediente en un niño. Cuando estaba en edad escolar, yo mostraba síntomas de trastorno negativista del comportamiento).

«A. J.» (que es como la conocen sus amistades) también quería hacer del mundo un lugar mejor. En quinto, iba a una escuela en la que el carrusel giratorio del recreo se consideraba peligroso y, siendo una niña tan responsable y proactiva, no podía permitir que aquello quedará así. «Bueno, podemos arreglar esto», se dijo A. J. a sí misma. Inició una campaña de recaudación de fondos para arreglar el carrusel y ponerlo al día para que ella y sus compañeros de clase pudieran jugar con seguridad.

A. J. vio un problema y encontró una buena solución. Esto en quinto curso.

A. J. es un Uno en el eneagrama y, al igual que muchos Unos, era increíblemente madura siendo niña. Se trata de niños que, de forma inherente, quieren hacer las cosas bien, no simplemente por llevarse bien con los demás como haría un Nueve o por ganarse su aprecio como haría un Dos, sino porque es lo correcto. Aunque no haya nadie mirando, los niños Uno seguirán las reglas y darán buen ejemplo. Son personas con unos elevados estándares para el mundo y, principalmente, para sí mismas.

Pero, para muchos Unos, estos estándares se pueden convertir en una pesada carga. En el caso de A. J., su perfeccionismo la llevó, en parte, a desarrollar un trastorno de la alimentación durante su etapa en el instituto y la universidad; y, aunque no prestaba mucha atención al maquillaje o el cabello, estaba obsesionada con no aumentar ni siquiera medio kilo. Llevaba un registro de su ingesta alimentaria en un diario («Manzana. Ensalada. Yogur helado. Manzana. Coca-Cola Light») y firmó, con fecha, su compromiso de no volver a comer jamás más de 1000 calorías diarias. «Fue una alianza con los dioses de la delgadez, la moneda de cambio de la belleza», como escribió en sus hermosas memorias, *A Good and Perfect Gift* (Un regalo bueno y perfecto).[1]

Pero aquello la atrapó. Cuando intentó volver a sus hábitos dietéticos normales, su organismo había desarrollado un rechazo a la comida, por lo que terminaba vomitando. ¿Y cómo iba a admitir que tenía un trastorno alimentario? No era bulimia, porque ella no estaba haciendo nada realmente para provocarse los vómitos. «Era como "No es culpa mía. Yo como de todo"», dice que pensaba en aquellos momentos.[2] Le diagnosticaron una gastroparesia, que es una especie de parálisis estomacal que lleva al aparato digestivo a no mover el alimento con la

---

1. BECKER, A. J.: *A Good and Perfect Gift: Faith, Expectations, and a Little Girl Named Penny.* Bethany House, Minneapolis, MN, 2011, p. 57.
2. Entrevista a Amy Julia Becker, *Typology*, temporada 2, episodio 23, 3 de enero de 2019, disponible en www.typologypodcast.com/podcast/2018/03/01/episode02-023/ajbecker. Para más información sobre la gastroparesia, véase www.mayoclinic.org/es/diseases-conditions/gastroparesis/symptoms-causes/syc-20355787

rapidez necesaria; en su caso, probablemente como consecuencia de la dieta severamente restringida que había mantenido hasta entonces.

«Aquello me avergonzaba y me hacía sentir que debía guardarlo en secreto», comentó. En su entorno explicó que los médicos le habían dicho que estaba enferma y que no tenía cura. Eso era cierto, pero del trastorno alimentario subyacente, que «no tenía que ver tanto con la apariencia como con el control», era más difícil hablar. Se había pasado la vida hasta aquel momento aplastando su ansiedad y su ira en un esfuerzo por mantener el control.

«Recuerdo que le dije a una terapeuta, "¡Oh, no, yo nunca me he enfadado!". Pero ahora, retrospectivamente, es como "¡Ding, ding, ding! Tenemos un problema"».

A. J. comenzó a crecer cuando reconoció que experimentaba emociones negativas y cuando respetó la conexión existente entre su organismo, sus emociones y su mente. También vino como consecuencia de su maternidad, sobre todo con su primera hija, Penny, que nació con una discapacidad.

«Nos dijeron que tenía síndrome de Down dos horas después de nacer –dijo A. J.–. Las palabras, el lenguaje que se utiliza en torno al síndrome de Down transmite la idea de imperfección, defecto y anormalidad. Quiero decir que el propio lenguaje apunta a eso. Yo estaba forcejeando con mi propio perfeccionismo y con mis expectativas respecto a ella».

No se había percatado de esto mientras estuvo embarazada de Penny, pero A. J. había llegado a la maternidad con determinadas expectativas a las que no había puesto voz, pero que no por ello dejaban de existir. Posteriormente, escribiría:

Era como si tener hijos se hubiera convertido en una ecuación: juventud más devoción a Dios más educación igual a un bebé normal y saludable; como si ir a clases de formación para el parto y leer libros sobre bebés, abstenerme de beber alcohol y rezar me hubieran garantizado ciertas cosas en cuanto a los hijos que pudiera tener; como si tuviera derecho a tener exactamente el bebé que yo había imaginado, una versión en pequeño de mí misma… Pero allí estaba yo, enfundada en una bata de hospital un sábado por la mañana, y mi hija tenía síndrome de Down.[3]

Siendo cristiana, A. J. conocía el versículo bíblico de «Sed perfectos como vuestro padre celestial es perfecto», que –¿puedo decirlo?– es un reto infernal para cualquier Uno del eneagrama, que ya tiende de por sí al perfeccionismo. Aquel versículo tenía obsesionada a A. J., de modo que lo buscó en la Biblia. Como estudiante de seminario, tenía acceso a un diccionario de griego, y descubrió que la palabra que traducimos como «perfecto» se refiere en realidad a la integridad, la completitud. Jesús hablaba de «perfecto» en el sentido de «el fin por el cual fuiste creado, en vez de conformarte a un ideal», dijo A. J. Y Penny era un regalo, puro y simple, perfecto en el fin para el cual había sido creada.

Y lo que es tan importante como eso: A. J. también lo era.

«Al darme a Penny, no sólo llegué a aceptarla tanto en su belleza como en su vulnerabilidad, tanto en sus necesidades como en sus dones», comentó, sino que también llegó a aceptarse *a sí misma* del mismo modo. Penny y los dos hermanitos que vendrían después son «una inmensa lección de vida en el perfeccionismo». En la actualidad, no sólo la ansiedad ha desaparecido, sino que ha sido reemplazada con la serenidad que proviene del hecho de haberse destapado para encontrar la gracia.

Ver: La historia original del Uno

La historia que los Unos se cuentan a sí mismos desde su infancia me recuerda el mundo de los cómics. Cuando yo era niño, los fans de los superhéroes se dividían en dos bandos: los que leían los comics de DC Comics, centrados en torno al *Mejor Equipo del Mundo*, Supermán y Wonder Woman, y los acérrimos de Marvel, que adoraban a Spiderman, Hulk, la Viuda Negra y algunos inadaptados más.

---

3. Becker, A. J.: *A Good and Perfect Girl, op. cit.,* p. 33.

Y como Cuatro que soy, yo me identificaba más con el emocionalmente torturado y desvalido Peter Parker (alias Spiderman), algo que no debería sorprender a nadie.

Supermán, por otra parte, me *aburría*. El chico tenía un superpoder para *todo:* supervelocidad, supervisión, superfuerza, superinteligencia… Los guionistas tenían que esforzarse mucho y centrarse en la única debilidad de Supermán –la kryptonita– para poder inventarse desafíos dignos de sus proezas. Y el problema se agravaba por el hecho de que ni siquiera era humano.

Supermán es un alienígena, un forastero que, encima, es superior a nosotros, los meros mortales. Ése es el motivo por el cual, como Cuatro, me gustaba Batman, siempre absorto en sus hoscos, oscuros y melancólicos sentimientos. Pero estoy divagando mucho.

Estoy seguro de que tanto los fans de los cómics de Marvel como los de DC Comics me van a criticar con ferocidad, pero estoy ofreciendo mis recuerdos sólo para dejar claro un punto: que los Unos se esfuerzan mucho por ser perfectos y luego se sorprenden porque nadie quiera relacionarse con ellos; lo cual es irónico, claro está, porque los Unos crearon su historia de Uno con el fin de encajar, de complacer a los demás, de satisfacer sus expectativas, de cumplir con normas y principios…, todo ello para tener sus necesidades de control, estima y seguridad satisfechas.

He tenido varios Unos que me han dicho que, en su infancia, en cuanto veían un vacío en el hogar o en la escuela, sentían la necesidad de cubrirlo.

Como un superhéroe o una superheroína, tenían que salvar a su familia, rescatar a sus amistades y mantener el código de conducta que creían que era correcto. Estos Unos no eran sólo buenos chicos y buenas chicas, sino que eran mucho más visibles porque hacían el papel de policía de los demás, incluso de los progenitores, que los decepcionaban y los frustraban si veían que no alcanzaban los elevados estándares internos de los Unos.

Algunos Unos fueron criados por progenitores que se empeñaban en ser los mejores en todo lo imaginable. Tales progenitores tenían un perfil alto en sus comunidades, siendo prominentes empresarios, administradores electos, abanderados del legado familiar o, al menos, así los percibían sus hijos. Como respuesta, estos jóvenes Unos se vieron en la tesitura de tener que aportar algo a la misión familiar, fuera respaldando la imagen de uno de sus progenitores o emprendiendo una brillante carrera.

En el otro extremo, otros muchos Unos se encontraron con una familia desestructurada en la que los papeles de sus integrantes no eran consistentes. Ante tal situación, tuvieron que convertirse en los reformadores, redentores y restauradores del orden familiar. Normalmente, la figura de autoridad parental estaba ausente por algún motivo, de modo que el otro progenitor bastante hacía con batallar con sus propios demonios internos y problemas, quedando el hogar en un estado de flujo, desorden y caos, a menos que alguien diera un paso adelante para restablecer el orden, al estilo de Mary Poppins.

Sin embargo, no todos los Unos encajan en uno de estos dos extremos. Si lees las memorias de Michelle Obama, por ejemplo, verás que es un Uno que fue educada por unos padres cariñosos dentro de un hogar estable. No obstante, es evidente que estamos hablando de una chica afroamericana que estaba creciendo en una sociedad racista y que, si quería tener oportunidades, tendría que ser mucho mejor que los demás: matrícula de honor en un instituto de élite, funcionaria del consejo estudiantil, una hija cariñosa, etc. Lo que intento señalar aquí es que hay multitud de factores en el origen de la historia de un Uno, al igual que en la de cualquier otra persona. Los progenitores y la vida en el hogar juegan un importante papel a la hora de determinar la historia que vamos a adoptar, pero también lo juegan los rasgos de personalidad innata y factores clave como la raza, la clase social o el género.

En la infancia, muchos Unos se dicen a sí mismos que nadie los va a querer si no cumplen con las normas o regulaciones o, incluso, si no destacan en ellas, de ahí que aprendieran a obedecer todos los requisitos familiares, tanto los explícitos como los implícitos. Eran los niños y niñas de buen comportamiento, maduros para su edad y líderes naturales con principios inherentes. Si la familia resultaba ser demasiado laxa, los Unos diseñaban una historia en la que asumían la responsabilidad de liderar y mejorar los asuntos del hogar y la reputación de su familia. Tales Unos hicieron este trabajo porque «alguien tenía que hacerlo» y, desde su percepción de las cosas, nadie más estaba dispuesto a hacerlo o podía hacerlo.

Pero, con independencia de dónde se encontraran en el espectro de historias de este tipo, aquellos jóvenes Unos querían conocer los estándares y los principios de la moralidad, la decencia y la integridad, y deseaban atenerse a ellos. Estos niños y niñas solían ser Scouts Águila o estrellas del deporte, los mejores alumnos de violín y primeros violinistas, los ganadores de becas y los graduados universitarios de primera generación en sus familias. Eran queridos por sus profesores porque se comportaban como ayudantes personales suyos en el aula. Eran normalmente respetados por sus compañeros de clase porque se enfrentaban a los acosadores, ganaban los trofeos para sus equipos y proporcionaban soluciones.

Pero también es cierto que todos los tipos del eneagrama pueden cumplir con estos papeles una vez que se desarrollan. No obstante, durante sus años de formación, los Unos cumplieron con estos cometidos de forma natural, como consecuencia de lo que creían que tendrían que hacer con el fin de evitar fallos, culpabilizaciones, críticas y castigos.

El hecho de que los Unos se cuenten a sí mismos la historia de que su misión es hacer un mundo mejor hace que terminen esforzándose más que los demás, haciendo más que los demás y haciendo las horas extra que hagan falta para conseguirlo. Y, si no fueran líderes reconocidos, se esforzarán por alcanzar otros objetivos que consideran importantes, como ser el mejor cristiano de todos en el grupo juvenil eclesiástico, planificar una carrera en el Ejército, trabajar para mantener a su familia en apuros o hacer trabajos de voluntariado para un candidato político, una organización no lucrativa o cualquier otra causa que lo merezca.

Al igual que Supermán, luchando por la verdad y la justicia, los Unos se sienten obligados a «desfacer entuertos» siempre que se los encuentran... hasta que descubren que no pueden enderezarlo todo y que algunas cosas que asumían que eran errores estaban en realidad bien tal como estaban. Entonces, el superpoder reformador del Uno se convierte en una carga insoportable.

Asumir como propio: Las fortalezas y las sombras del Uno

Los Unos terminan prosperando porque no dejan de buscar maneras de mejorarse a sí mismos y de ser más eficientes. Y cuando los demás les dicen que son demasiado perfectos, los Unos se remiten a sus principios, a las leyes del país, a la Biblia, a la Constitución, al reglamento militar, al *Manual de Estilo de Chicago,* al *DSM-5* o a los requisitos de la decencia humana básica. Estos Unos son los «buenos samaritanos», porque no pueden ser felices si la conciencia les recuerda que pasaron junto a una persona en necesidad y no hicieron nada por ayudarla, cosa que los llevaría a pensar que son malas personas. Los Doses, en cambio, se detendrían a ayudar porque se sentirían obligados a satisfacer las necesidades de esa persona.

Sabemos que las falsas creencias inconscientes de la infancia nos mantienen enredados en nuestra vieja historia, y no va a ser fácil vivir una nueva historia si no vemos conscientemente estas creencias erróneas y las contrarrestamos. De los Unos he escuchado mensajes inconscientes como éstos:

- Lo que debo hacer es más importante que lo que quiero hacer.
- Si no controlo mi ira, perderé los estribos.
- Seré feliz cuando alcance la perfección.
- Tengo que ser buena persona para caer bien a la gente.
- Tengo que acertar en todo momento.
- Tengo que mantener el control.
- Si me relajo, se desatará el infierno.
- El riesgo de que te critiquen o juzguen no merece la vergüenza y el remordimiento que podría causar.
- La gente no me aceptará si tengo defectos.
- Los demás no lo harán tan bien como yo.

Estas creencias erróneas inconscientes llevan al caos la vida de cualquier Uno y no tienen nada que ver con lo que Dios preferiría que creyéramos. Porque ¿acaso Dios nos exige que seamos perfectos para darnos su amor? No. ¿Acaso la gracia es incapaz de cubrir nuestros errores? No. ¿Tenemos que mantener un control férreo sobre nuestra propia vida, o más bien convendrá someter nuestra voluntad ante un poder superior? Lo último. En la medida en que estas creencias sigan sin ser cuestionadas, los Unos lo van a pasar mal para llegar a habitar la Gran Historia de Dios.

El problema es que los Unos que siguen en su vieja historia no se dan cuenta de que su perfeccionismo es la fuente de sus desdichas. De hecho, la mayoría de los Unos que siguen en su vieja historia creen que su anhelo de perfección es un activo, en vez de un lastre, y que el crítico que llevan en su interior les ayuda a no cometer errores. En la historia que los Unos se repiten a sí mismos, la mejora personal es el paso previo a cualquier intento de cambiar o mejorar el mundo. Y, aunque esto puede adoptar formas muy distintas, la mayoría de los Unos están ávidos por descubrir sistemas novedosos, prácticas innovadoras e ideas frescas que les ayuden a mejorar. Les encantan los libros y los pódcast de otros Unos y valoran en gran medida a aquellos líderes que comparten sus mismos valores y su compromiso con la excelencia. Con el tiempo, no obstante, sea al llegar a la edad adulta o sea más tarde en la vida, los Unos llegan a un punto en el que el perfeccionismo se vuelve imposible y, por tanto, su vieja historia comienza a desmoronarse.

La compulsión que los lleva a mejorarse a sí mismos y a los demás se convierte en un problema cuando los Unos empiezan a pensar que nada es suficiente. Por muy buenos que sean en cualquier empeño, siguen pensando que no son suficientemente buenos. La suya es la misma historia de los legalistas religiosos que lo confían todo a la meritocracia, ganándose su jornal de bondad día a día mientras, en lo más profundo, saben que no perdurará. Pero eso les permite pensar que son mejores que los demás, quienes a menudo siquiera parecen intentarlo, por no hablar de alcanzar logro alguno.

Dependiendo de las influencias religiosas o espirituales que tuvieron en su infancia, los Unos pueden terminar desarrollando una potente mentalidad legalista, centrándose en la obediencia y el seguimiento de las normas como vía para ser aceptables a los ojos de su Dios santo y perfecto. Suelen ver la Biblia como un manual de instrucciones y un dispensador de mandamientos, en lugar de verlo como una hermosa e inspiradora colección de escrituras sagradas compuestas de relatos, poesía e historia. Se apoyan en la Iglesia, en la enseñanza bíblica y en los pastores y autoridades religiosas para saber qué tienen que hacer para ser buenos, y se inspiran en relatos heroicos de personajes religiosos del pasado que hicieron grandes sacrificios por su fe.

A medida que los Unos entran en la edad adulta, comienzan a escuchar una voz en su cabeza que les insiste una y otra vez en que sean mejores. Me viene el ejemplo de uno de mis Unos favoritos, el doctor Lee Camp, profesor de Teología y Ética de la Universidad de Lipscomb, en Nashville, y presentador de *Tokens Show* (Mostrando las fichas), un «programa de variedades teológicas» emitido por la Radio Pública Nacional y a través de Internet. Cuando le pregunté cómo sentía eso de ser un Uno, Lee me contó cómo llegó a la conclusión de que había determinado con toda exactitud su tipo de personalidad.[4] Dijo que asistió a un seminario sobre el eneagrama y que el instructor comentó que la manera infalible de saber si eres un Uno es comprobando si tienes esa voz crítica dentro de tu cabeza. «¿Qué? ¿Es que no todo el mundo tiene esa voz en la cabeza?», pensó Lee. Él venía escuchando aquella voz de narrador crítico en su mente desde que tenía uso de razón, y quedó realmente impactado al descubrir que no todo el mundo tiene esa experiencia, la del crítico interior siempre dispuesto a lanzar una pulla o hacer un agrio comentario. Lee se crio en una Iglesia de mentalidad perfeccionista, y ofreció un sorprendente ejemplo de hasta qué punto el crítico interior había impactado en su adolescencia:

Para mí, no era sólo una vaga aprensión al castigo. Se te decía explícitamente que si no haces esto bien, vas a ir directo al infierno. De modo que recuerdo una ocasión, cuando tenía 16 años, en que iba conduciendo el automóvil por la autopista 34 de Alabama, regresando con el tiempo justo desde Palo City a mi casa en Talladega. Eché un vistazo al indicador de velocidad y vi que iba a poco más de 90 kilómetros por hora en una zona en la que debía ir a 90. No bromeo cuando digo que el pensamiento que cruzó mi cabeza en aquel momento fue, «Lee, deberías reducir la velocidad porque, si

---

4. Entrevista a Lee Camp, *Typology*, temporada 1, episodio 5, 3 de agosto de 2017, disponible en www.typologypodcast.com/podcast/2017/08/03/episode5/lee-camp

tuvieras un accidente y murieras por ir a más de 90, irías directo al infierno. No vale la pena pasar una eternidad en el infierno por sólo dos kilómetros por hora». Suena ridículo, pero ésa fue mi evaluación… Es una buena manera de retorcerte la mente y la psique, ¿sabes?

Si no se pone límites a un pensamiento tan escrupuloso como el que describe Lee, tenga su origen en una religión dogmática, en una moral de muy alto nivel o en un ferviente patriotismo, este pensamiento se torna lo suficientemente tóxico como para envenenar todas las áreas de la existencia de la persona. Existe una forma correcta y una forma equivocada, e incluso cuando se enfrentan a un dilema –sea acelerando para no llegar tarde a la hora estipulada o rompiendo el límite de velocidad y arriesgándose a la condenación eterna–, los Unos establecerán normalmente prioridades y darán rangos a sus autoridades.

Despertar: Determinar el precio

El precio de la historia que los Unos se cuentan a sí mismos se acrecienta con rapidez: resentimiento latente bajo la superficie a punto de estallar, condena y desprecio por uno mismo por sus imperfecciones y agotamiento por el esfuerzo constante que supone la incesante mejora. Suelen acumular una gran tensión y acostumbran a estar en estado de alerta constante sobre lo que tienen que hacer para mejorarlo todo y a todos los que los rodean. No soportan que les dirijan otros que no compartan sus valores o demuestren su dedicación a la integridad; pero, por otro lado, les molesta tener que hacer siempre el trabajo que los holgazanes deberían haber hecho y no hacen. Están agotados, y su vieja historia comienza a sumirlos en la desesperanza, lo cual lleva a los Unos a redoblar esfuerzos en su mejora personal, cosa que estaría bien si los llevara a romper con su rancia historia, pero que no es tan bueno si lo que hace es apuntalar la ilusión de que pueden trabajar más tiempo y pueden esforzarse más por ser mejores.

Los Unos que intentan determinar los costes de su vieja historia deberían tener cuidado con la fina línea que separa la mejora personal que lleva a la transformación de la mejora que no lleva a otra cosa que a pulir la corteza de la bellota, como nos sugería la parábola de Cynthia Bourgeault en el segundo capítulo. La buena noticia para los Unos es que ellos, más que ningún otro tipo en el eneagrama, son plenamente conscientes de la necesidad de ser mejores mañana de lo que son hoy, ¡pues es la materia de la que viven! La mala noticia es que, con frecuencia, no están preparados para el tipo de trabajo interior que esto supone, el de «las cosas van a ir peor antes de que empiecen a mejorar», que es lo que suele exigir un cambio en verdad duradero.

Soy plenamente consciente del hecho de que los Unos buscan siempre la forma de ser mejores toda vez que hablo del eneagrama, dirijo un retiro o invito a alguien a mi programa, pues son más los Unos y los Nueves que escuchan mi pódcast *Typology* que cualquiera del resto de los tipos del eneagrama. Y esto tiene pleno sentido, porque tanto los Unos como los Nueves están en la tríada visceral. Los Unos tienen una relación complicada con la ira. Mientras que los Ochos la expresan en exceso y los Nueves ni siquiera lo hacen, los Unos la interiorizan. Si los Ochos exteriorizan la ira y los Nueves están desconectados de la suya, los Unos se esfuerzan por aplastarla.

Los Unos se enfadan con facilidad –con las injusticias del mundo, con los que aparcan el coche ocupando dos plazas, con los acentos mal puestos en los *emails* de otros–, pero intentan por todos los medios no manifestar su cólera. Dicho de otro modo, la ira del Uno siempre está ahí como la escopeta del abuelo sobre la chimenea, que no debería de usarse jamás. Recuerda lo que A. J. le dijo a su terapeuta siendo adolescente sobre lo de no enfadarse nunca. Ella se lo creía realmente en aquella época, y tal negacionismo es habitual en los Unos que siguen asentados en su vieja historia. Porque, si los Unos apretaran el gatillo, sus instintos básicos podrían tomar el control e incendiarlo todo hasta los cimientos. Y eso estaría mal, y les haría sentirse mal, y ellos están tan empeñados en ser buenos que es mejor dejar la ira encerrada y mantenerla a distancia.

Pero, en ocasiones, ser bueno no es la mejor opción.

Mi esposa y yo tenemos una larga amistad con Julianne Cusick, que es un Uno de eneagrama. Ella y su marido, Michael, son unos consumados orientadores, oradores y escritores. También han fundado Restoring the Soul (Restaurando el Alma) en Denver, Colorado. El relato de cómo se casaron y cómo rompieron con sus respectivas narrativas de tipo es sorprendente en sí mismo y ha sido crucial, sospecho, para que desarrollaran esa capacidad para ayudar a personas que siguen viviendo con sus viejas historias. Los problemas de Michael con su adicción al sexo y sus infidelidades, de todo lo cual habló él abiertamente en su libro *Surfing for God* (Navegando por Dios), tuvieron un efecto terrible en su relación.

Julianne estuvo muchos años luchando con la desesperación, la ira y la tristeza hasta que, finalmente, pudo sentir la sanación en su matrimonio. Y aunque ella intentaba perdonar y restablecer la relación, luchando por no sumirse en la amargura, el proceso se le hizo excesivamente largo y duro. Cuando Michael dejó atrás su comportamiento sexual compulsivo y se arrepintió, se ganó de nuevo el cariño de Julianne y reanudaron su relación. Sin embargo, muchos años después, ella se dio cuenta de que seguía forcejeando con el resentimiento y la cólera, y que aquello guardaba relación con su tipología de Uno.

«En cuanto reanudamos la relación, empecé a darme cuenta de que mi enfado permanente y el "tener razón" (¡sobre casi todo!) estaba perjudicando a mi marido y a nuestra relación», dijo.[5] «¿Realmente quería seguir volcando mi ira por haber sido traicionada, y por justificada que estuviera, como un arma contra Michael? Los Unos tenemos que aceptar que la vida no es como pensamos que debería ser. Vivimos en un mundo plagado de decepciones y pérdidas insoportables. Para ser en verdad libres, tenemos que encontrar un camino en medio de nuestras fracturas con el fin de dirigirnos hacia un futuro esperanzador».

Reescribir: Elabora tu nueva historia

Crear una historia nueva exige de los Unos que se replanteen su manera de ver el mundo. Tienen que cambiar de paradigma, desde las actitudes absolutas a «ambas cosas» y a «esto y lo otro», desde el anhelo de justicia a priorizar la relación. El objetivo de los Unos estriba en pa-

---

5.   Julianne Cusick, en un *email* enviado al autor, 20 de mayo de 2021.

sar de la pasión de la ira a la virtud de la serenidad, donde pueden desprenderse de la necesidad de perfección y experimentar la integridad y la paz. Cuando los Unos han madurado hasta más allá del viejo guion, se convierten en personas sumamente sabias y poderosas que actualizan sus principios personales teniendo en cuenta su propia humanidad. Al igual que Salomón cuando tuvo que decidir el destino de un bebé entre dos mujeres que afirmaban que el niño era suyo, los Unos despiertos se niegan a cumplir la ley por la ley en sí y, en cambio, intentan ver las cosas en su conjunto. Salomón ordenó que cortaran al bebé por la mitad en una interpretación literal de la ley, sabiendo que la verdadera madre renunciaría a su hijo antes que verlo morir.

La serenidad es, en parte, ver lo bueno de la vida. Los Unos que rompen con su vieja historia practican el *agere contra* al hacer del descanso y la recuperación una prioridad, programándose unas vacaciones, unos días libres y tiempos de inactividad para recargar las baterías. Se ríen y salen del armario, inician la fila de las congas y no se preocupan de lo que puedan pensar los demás. Como dice mi amigo Richard Rohr, que también es un Uno, una de las «tareas de por vida» que tienen los Unos es «aprender a ignorar los deberes, el orden y la mejora del mundo de vez en cuando, para, a cambio, jugar, celebrar la vida y disfrutarla».[6] En el sistema de flechas del eneagrama, los Unos «se van al Siete» en seguridad, lo cual significa que, en épocas saludables, pueden encarnar felizmente la libertad y la alegría de vivir que define a los Sietes. Los Unos con una historia nueva se aceptan a sí mismos tal como son, sabiendo que la imperfección es esencial. Se perdonan cuando no llegan a sus expectativas y pasan página sin machacarse a sí mismos.

Richard también ha descubierto la sabiduría que se deriva de inclinarse conscientemente hacia su ala Nueve. Como armonizadores, «Los Nueves no necesitan tener razón, como les ocurre a los Unos –dice él–. Ésa es mi salvación».[7] En ocasiones, Richard se aparta del ajetreo de su

---

6. ROHR, R. y EBERT, A.: *The Enneagram: A Christian Perspective.* Crossroad Publishing, Nueva York, 1989, 2018, p. 61. (Trad. cast.: *El eneagrama: Los nueve rostros del alma.* EDICEP, Valencia, 1995).

7. Entrevista a Richard Rohr, *Typology,* temporada 1, episodio 15, 12 de octubre de 2017, disponible en www.typologypodcast.com/podcast/2017/10/12/richard-rohr-part2

vida como sacerdote y líder espiritual para hacer un prolongado retiro, incluido un retiro eremítico de cuarenta días que hizo en la abadía de Getsemaní, viviendo en la pequeña cabaña que una vez habitara Thomas Merton. Durante el retiro, dice, «Pude dejar de salvar el mundo, de hacer grabaciones, de predicar por todas partes. Pude apagar por completo aquel motor Dos de que tenía que ayudar, ayudar, ayudar a todo el mundo, salvar a todo el mundo». Cuando los Unos se inclinan hacia su ala Nueve, disfrutan del don del Nueve, que es la paz.

Los Unos que se instalan en una nueva rutina son admirados por su integridad, fiabilidad e imparcialidad. Son conocidos por arrimar el hombro y perfeccionar cualquier cosa en la que puedan ser útiles, pero se sienten cómodos también dejando que las cosas sucedan, permitiendo que otros descubran sus propios medios y métodos. Eso es la serenidad. Estos Unos maduros no se preocupan por la tensión de la ambigüedad y la incertidumbre. Se convencen de que defender la verdad, sea cual sea el aspecto que ésta pueda adoptar, no es sólo asunto suyo. Pueden soportar el barullo, el desorden y el caos sin tener que ir corriendo a corregir a los demás ni ofrecerse como modelo de cómo hacer las cosas. Los Unos evolucionados se dan cuenta de que tienen más que ofrecer que el mero hecho de proponer soluciones rápidas y lógicas. Y, a cambio, se toman muy en serio la sabiduría de Anne Lamott, cuando dice «Los faros no van corriendo por toda la isla buscando barcos a los que salvar; simplemente están ahí de pie, brillando».[8]

Con el fin de romper con su mentalidad legalista, los Unos saludables practican la disciplina espiritual de la quietud y el descanso del *Sabbat.* Para muchos resulta complicado dejar a un lado esa mentalidad y esos comportamientos de la vieja historia que los lleva a estar siempre en movimiento, pero vale la pena alcanzar cierto equilibrio. Porque cuando sueltan las riendas de su empeño en la perfección, descubren que disponen de una mano con la que pueden dar algo a otra persona y pueden recibir lo que Brené Brown llama «los dones de la imperfec-

---

8. LAMOTT, A.: *Bird by Bird,* edición del 25.º aniversario. Anchor, Nueva York, 2007, p. 236. (Trad. cast.: *Pájaro a pájaro: Algunas instrucciones para escribir y para vivir.* Plankton Press, Benahavís, Málaga, 2023).

ción».[9] En su libro, Brown ofrece un buen número de sugerencias para los perfeccionistas cuando intentan iniciar una nueva historia. Algunas de ellas son las que ya te puedes imaginar, pero otras son novedosas, como desprenderse de lo que los demás puedan pensar de ti, liberarse de la necesidad de certidumbres y abandonar el agotamiento como símbolo de estatus. (¿Os habéis enterado, Unos saturados de trabajo?) Brown habla también de la libertad que los perfeccionistas llegan a sentir cuando hacen el suficiente acopio de coraje como para admitir sus imperfecciones y errores ante los demás. En vez de encontrarse con la condena que tanto temen –normalmente, la condena que se han estado echando encima ellos mismos durante años–, se encuentran con la compasión que los demás les ofrecen y que también había estado ahí en todo momento. Dar voz a sus vulnerabilidades y errores es una práctica espiritual crítica para los Unos que están yendo desde la ira a la serenidad, pues descubren que el mundo no se viene abajo por el mero hecho de que ellos no lo sostengan.

Ideas para la nueva historia del Uno

La serenidad no llega de la noche a la mañana. Más bien, es el resultado de muchas pequeñas elecciones y decisiones que los Unos pueden hacer para abrazarse al *agere contra*. El consejo de «hacer lo contrario de lo que normalmente harías» es perfecto para los Unos, pero convendrá que comiencen a hacerlo poco a poco y no pensar que lo van a cambiar todo de la noche a la mañana.

He aquí un pequeño cambio: elige un cajón, un estante o un rincón de tu despacho que dejar desordenado y desorganizado como recordatorio de que no tienes por qué controlar tu entorno para ser feliz. Y si te sientes con fuerzas, cómprate un husky y deja que haga la muda de pelo dentro de casa. Respira. Trastoca también tus horarios. Llama y di

---

9.   Brown, B.: *The Gifts of Imperfection: Let Go of Who You Think You're Supposed to Be and Embrace Who You Are.* Hazelden Publishing, Center City, MN, 2010. (Trad. cast.: *Los dones de la imperfección: Libérate de quién crees que deberías ser y abraza a quien realmente eres.* Gaia, Móstoles, Madrid, 2012).

que estás enfermo (¡hala, traspasa los límites!) para relajarte e ir a algún otro lugar al que, normalmente, no irías: una matiné vespertina, un insalubre parque acuático o una exposición de fotos tórridas de Robert Mapplethorpe. Bueno, estoy bromeando.

Para controlar de algún modo los comentarios autocríticos constantes que te pasan por la cabeza, dale un nombre a tu personaje crítico interior y haz una descripción física de él, pero intenta que el nombre y la descripción sean exagerados, divertidos, una caricatura. Mi editora, que es un Uno, llama a su enjuiciadora voz interior la Tía Gertrudis, y la imagina como a la beata de Iglesia que la actriz cómica Dana Carvey solía interpretar en *Saturday Night Live*. Cuando se descubre iniciando una espiral de juicios negativos sobre sí misma, le da las gracias mentalmente a la Tía Gertrudis por ponerse pesada y, a continuación, la invita a que se dé un largo paseo por un muelle corto. Así pues, ponle el nombre de sor María de la Severidad, el Caballero Negro, Negranieves, el Sargento de Hierro o cualquier otra cosa que se te ocurra a tu crítico interior y pídele que guarde silencio cuando le escuches vocear por el fondo de tu mente. Hazle saber que puede ir en tu autobús, pero que, como dice Elizabeth Gilbert, no tiene permitido conducir, ni siquiera tocar el mapa.[10]

Puede parecer trillado, pero mírate en el espejo cada mañana y di, «Hoy voy a arriesgarme a cometer algunos errores de bulto, y no voy a intentar detenerme». Y luego comprométete a conceder la misma gracia a otras personas. En vez de criticar a alguien que comete un error, apláudele por hacerlo. Practica una compasión auténtica pensando en formas de darles ánimos. Toma nota de cómo te sientes cuando dejas de juzgar a los demás por no cumplir con tus estándares de excelencia. Confía en mí, es un alivio no tener que ir por ahí de policía con todo el mundo.

Como Cuatro que soy, encuentro cierta seguridad tomando prestados hábitos del Uno como son la autodisciplina y el esfuerzo, o bien defendiendo aquello en lo que creo. Hay Unos que me inspiran mucho, como mi amigo Richard Rohr o líderes humanitarios como el expresi-

---

10. GILBERT, E.:*Big Magic: Creative Living Beyond Fear.* River head Books, Nueva York, 2016, p. 26.

dente Jimmy Carter. Los Unos que rompen con la historia marcada de su tipo irradian esa especie de carisma, de integridad y de buen corazón que, sin hacer nada, termina por atraer a los demás. Estas personas brillan con un idealismo que no precisa del inútil barniz del perfeccionismo. Estos Unos hermosos aceptan a los demás con todas sus verrugas, sin enjuiciarlos, del mismo modo que se aceptan a sí mismos.

Cuando los Unos entienden de verdad que ya no tienen por qué ser perfectos, se convierten en participantes serenos de una gran historia que siempre termina bien.

6

La historia del Dos

Cuidado personal para el Servicial

«Cuando envejezcas descubrirás que tienes dos manos. Una para
ayudarte a ti misma y la otra para ayudar a los demás».

—Audrey Hepburn

Al Andrews había estado esperando durante semanas para ver su escena preferida de una de sus películas favoritas. Esto fue hace décadas,
cuando él tenía poco más de veinte años. En aquellos tiempos, mucho
antes de que nuestras películas y programas favoritos estuvieran dispo-
nibles las 24 horas al día todos los días de la semana, o te sentabas pegado a la pantalla o te lo perdías. Y él estaba decidido a no perdérselo.
Se trata de aquella escena de *El milagro de Ana Sullivan* en la que la
chica ciega, sorda e incapaz de comunicarse Helen Keller comienza *por
fin* a comprender que, cuando su profesora le derrama agua una y otra
vez en la mano mientras le deletrea A-G-U-A con lenguaje de signos
en la palma, ambas cosas están interconectadas.

«Es la escena más hermosa del cine que haya visto», me dijo Al sobrecogido.[1] Dado que Al es un Dos en el eneagrama, no me sorprendió en absoluto que la película que tanto le gustaba, y en torno a la cual reorganizó toda su agenda, tratara sobre una mujer que lo deja todo en su vida para salvar a una chica a la que todos los demás habían dejado por imposible. Y esto es lógico, porque los Doses son así.

Al estaba emocionado viendo de nuevo esa lacrimógena escena cuando, de pronto, sonó el teléfono.

«Claro que respondí, porque uno tiene que responder al teléfono por si alguien le necesita», dijo él. Dado que, en aquellos tiempos oscuros, antes del Netflix bajo demanda, no se podía saber de antemano quién te estaba llamando y, por tanto, no podías decidir si descolgabas o no el teléfono, no podías saber si la llamada era realmente importante o si podías llamar tú más tarde. De modo que descolgó, porque eso es lo que hacen los Serviciales.

Era una llamada sin importancia; no era una emergencia, sino simplemente un amigo que llamaba para ver cómo estaba, de modo que no habría pasado nada por decirle, «Hola, ¿puedo llamarte en media hora? Estoy ocupado justo en este momento». Pero Al no hizo eso.

En su lugar, respondió a la llamada, mostrándose cortés y servicial exteriormente, pero hirviéndole la sangre en silencio. «Por dentro estaba furioso –dijo–. Estaba enfadado con él, y él no había hecho nada malo». Al no manifestó irritación alguna porque eso habría herido los sentimientos del amigo que le había llamado, y no quería decepcionarlo.

Al recuerda que se pasó de los veinte a los treinta años así, haciendo cualquier cosa que pensara que pudiera ser necesario hacer para ser útil a los demás, sin importar lo que él pudiera necesitar o querer. «Me pasaba el tiempo mirando alrededor para ver quién podría necesitar mi ayuda. Yo era el amigo más diligente que nadie hubiera podido tener. Si tenías que hacer una mudanza, allí estaba yo, aunque me doliera la espalda».

---

1. Entrevista a Al Andrews, *Typology*, temporada 3, episodio 16, 14 de noviembre de 2019, disponible en www.typologypodcast.com/podcast/2019/14/11/episode03-016/alandrews

Una parte de él se daba cuenta, incluso entonces, de que estaba haciendo todo aquello para granjearse la aprobación de la gente y reconocía que estar dándose constantemente no era probablemente una dinámica sana. «Me nutría de saber que ellos pensarían bien de mí y que les caería mejor –admitió–, y que yo mantendría mi reputación de persona superservicial».

Pero el hecho de darse constantemente tenía un enorme coste. Estaba agotado y deprimido, y con treinta y pocos años se dio cuenta de que necesitaba ayuda.

Se dio cuenta de que necesitaba ayuda. Parece fácil, ¿no? Pues no es tan fácil para los Doses, porque su identidad fundamental se basa en que los diligentes y serviciales son ellos, y la gente que ayuda no necesita ayuda.

Así pues, el punto de inflexión de Al, el momento crucial en el que comenzó a reconocer que la historia que había estado viviendo hasta entonces no funcionaba, llegó no ya con las sugerencias de un consejero profesional experimentado. Ocurrió antes de eso, cuando tomó la decisión de buscar un terapeuta. «Ahí comenzó el cambio, creo», comentó, admitiendo simplemente que tenía necesidades y que, si se las negaba constantemente, se perdería a sí mismo. «Las necesidades de los demás estaban siempre antes que las mías. En mi corazón, no se trataba de algo noble, sino de algo necesario. No pensaba en mis propias necesidades».

Al había permitido que su autoestima quedará envuelta en una historia que le decía que sólo merecería tener relaciones de afecto si satisfacía las necesidades de los demás. Y, cuando empezó a cuestionarse esa historia, Al comenzó a crecer.

Ver: La historia original del Dos

Como otros miembros de la siempre servicial tribu de los Doses, Al conformó su historia en las primeras fases de su vida, una historia que le ofrecía una forma de sobrevivir y de ganarse el cariño de los demás. Los Doses no tienen por qué crecer en circunstancias inestables o problemáticas para interiorizar el mensaje de que tienen que cuidar de los demás. Al dice que él «creció en una familia cariñosa», con unos progenitores que cuidaron bien de él y de su hermana. Con todo, aun en ese entorno seguro y afectuoso, Al interiorizó el mensaje de que su principal tarea consistía en mantener la positividad y en ayudar a los demás. «En nuestra familia había una emoción aceptable principal, y era el sentirse feliz. Vamos a ser felices, de modo que lo éramos». Y cuando había problemas o acontecían situaciones tristes, la familia lo replanteaba todo. Si el perro se moría, se hacían con otro perro de inmediato. Ése era el mensaje.

Al llegó a creer que si hablaba de cualquiera de los asuntos que le entristecían o le angustiaban, no haría otra cosa que «hacer que todo el mundo se sintiera mal y dejaran de sentirse felices; de modo que me lo tragaba todo».

Dicho de forma sencilla, las necesidades de Al no disponían de mucho espacio en su familia, que es lo que les ocurre a muchos Doses Serviciales que conozco. La vía para recibir el cariño, la afirmación y la seguridad que todo niño necesita se convierte, en el caso de los Doses, en una cuestión de complacer y dar. Tejieron una historia en torno a la falsa creencia de que no se les permitía tener o expresar sus propias necesidades, pues de lo contrario se los consideraría egoístas y pensarían que estaban rechazando injustamente las reglas de la familia.

¿Cuáles son las creencias inconscientes y erróneas que siguen los Doses en la edad adulta y que consolidan su vieja historia? Al mencionó algunas de ellas, pero he aquí algunas más:

- Mis necesidades son tan grandes que abrumarán a cualquiera que las conozca.
- A la gente les gustan las personas que siempre están alegres y que les dicen cosas bonitas.
- Las personas que me conocen deberían saber ya lo que necesito.
- Si expreso mis necesidades, los demás me rechazarán y me abandonarán.
- Probablemente, quiero demasiadas cosas.
- Ganarme la aprobación de los demás es clave para que pueda sentirme valioso.

- Tengo que intentar complacer a los demás siempre, aunque eso suponga mi desdicha.
- Estamos en un mundo de dar para recibir.
- Soy indispensable o no valgo para nada.
- Sólo dispongo de poder cuando doy, no cuando recibo.
- No seré nadie si no le caigo bien a nadie.

Al igual que ocurre con el resto de los tipos, cuanto antes lleven los Doses estas creencias a la consciencia despierta y las sustituyan por creencias saludables, antes podrán empezar a vivir una historia más auténtica y satisfactoria.

Los Doses aprenden en su juventud a negar sus necesidades y a centrarse exclusivamente en ayudar a quienes los rodean. Y, al igual que otros tipos que sintonizan bien con su entorno, perciben los estados de ánimo de los demás y encuentran el modo de satisfacer sus necesidades, de forma material, emocional, física, económica o de cualquier otro modo que puedan. Sin embargo, el hecho de que este comportamiento se asemeje tanto al de los Nueves hace que estos dos tipos sean los que más se pueden confundir en el eneagrama. Ambos quieren complacer a la gente e intuyen rápidamente lo que quieren, pero lo hacen por distintos motivos: los Nueves se adaptan con el fin de evitar conflictos, en tanto que los Doses ajustan su imagen para caer bien a los demás. Y, con lo que dan a los demás, los Doses esperan que sus necesidades no expresadas sean satisfechas automáticamente a cambio.

Al dice que esta expectativa es el resultado de su «connivencia interna». En sus tiempos inmaduros, antes de que llegara a reconocer los patrones por defecto de su vieja historia, Al imponía condiciones, metafóricamente hablando, a las ayudas que ofrecía a los demás. Otros Doses que he conocido confirman también este relato transaccional. Una de mis profesoras de eneagrama favoritas, Beatrice Chestnut, expresidenta de la Asociación Internacional del Eneagrama y autora del clásico *El eneagrama: Guía para el despertar,*[2] la describía como una «dación estratégica». Y aunque tal dación puede ser inconsciente, sobre

---

2. Publicado por Editorial Sirio, Málaga, 2022.

todo al principio, al final se reduce a «Si yo cuido de ti, tú tienes que cuidar de mí».[3]

Como Dos que es, Beatrice es perfectamente consciente de cómo su tipo forja una historia funcional con el fin de ver satisfechas sus necesidades. «Una de las cosas que me gustan del eneagrama –dijo– es que se basa en aquello en lo que ponemos nuestra atención. Aquello a lo que prestamos atención, sea lo que sea, nos arrebata un montón de energía». Esto es cierto en todos los tipos, claro está; pero, como parte de la tríada cordial, basada en los sentimientos, los Doses se centran en las relaciones, específicamente en cómo su relación con los demás cubre su propia necesidad de amor y cariño.

Beatrice comentó, «En mi caso, yo siempre me centro en los demás: ¿cómo se sienten?; ¿cuál es la calidad de nuestra conexión?; ¿tenemos una buena relación?; ¿le gusta a la gente lo que estoy haciendo? Cosas así. Me enfoco en gran medida en cómo mejorar o crear una relación positiva con los demás, sobre todo con personas importantes para mí». Beatrice tiene siempre la esperanza de que, si ella da apoyo a los demás, los demás la apoyarán a ella de manera recíproca.

Pero, a medida que crecen, los Doses comienzan también a gravitar hacia la satisfacción de las necesidades de los demás con la intención de que sus propias necesidades sean también satisfechas. Son las mejores amistades a la hora de escuchar y consolar a quien tiene el corazón roto. Son quienes hacen regalos y organizan las fiestas, los del ingenio rápido y la broma oportuna para levantar el ánimo o cambiar la vibración del grupo. Te llevan a dar una vuelta, reparten comida, cuidan de los perros o los gatos de los vecinos, quitan la nieve de la entrada de casa de los ancianos y recaudan fondos para causas justas. En su infancia, los Doses tienen un don para hacer amistad con los inadaptados y dar ánimos a los solitarios. Intuyen lo que pueden necesitar los adultos a su alrededor y proporcionan todo cuanto está de su mano, ayudando en las tareas domésticas y, en ocasiones, ofreciendo incluso un hombro a los mayores para que lloren.

---

3. Entrevista a Beatrice Chestnut, *Typology*, temporada 2, episodio 41, 9 de mayo de 2019, disponible en https://typology.libsyn.com/bonus-replay-beatrice-chestnut-s02-041

Pero, al igual que las historias que se cuentan a sí mismos los otros tipos, esta historia funciona… hasta que deja de hacerlo.

Asumir como propio: Las fortalezas y las sombras del Dos

Los Doses, los Treses y los Cuatros forman la tríada cordial, la que se centra en los sentimientos. Cada uno de estos tipos ofrece una variante del tema de «nadie me va a querer tal como soy», por lo que crean un personaje de cuento que les permite enmascarar su verdadero yo y lo que consideran que son sus deficiencias, para interpretar a continuación un papel que suponen que les funcionará con la gente que los rodea. Y, en tanto que los Treses adoptan el papel de la persona de éxito y los Cuatros se convierten en personas especiales y únicas, los Doses se convierten en los Serviciales. Cultivan un personaje alegre y positivo, siempre dispuesto a echar una mano, a traer un ramo de flores, a prestar dinero, a organizar una celebración, a llorar la pérdida de otro y a dar más que nadie.

Tal compasión y generosidad pueden haber capacitado a los Doses para soportar lo que, de otro modo, hubiera sido una situación insoportable. A algunos de ellos se les privó de atenciones, de afecto y de afirmación, que son los bloques de construcción de la autoestima en la infancia. Y sin modo alguno de satisfacer sus necesidades naturales, los Doses descubrieron la manera de hacerse la comida con las migajas de la gratitud de los demás. Querían amor y se conformaron con el afecto. Sin embargo, como adultos, siguen pasando hambre, sin darse cuenta de que disponen del poder suficiente como para cambiar su historia, pidiendo a los demás directamente lo que necesitan y cuidando de sí mismos.

Los Doses de falsa historia se dicen a sí mismos que revelar las propias necesidades no hará otra cosa que mostrar su verdadero yo, un yo indigno de amor, lo cual les traerá humillaciones y rechazos; de ahí que se esfuercen por ser indispensables para las personas que los rodean. Hacen que sus casas sean acogedoras y animan a los demás a pasarse por ellas sin avisar. Están siempre dispuestos a ofrecer un sofá donde dormir y dinero para gasolina para aquellos que forcejean por salir adelante. Se convierten en magníficos consejeros, maestros, mentores, activistas desinteresados y practicantes del voluntariado comunitario. (No te sorprenderá saber que Al terminó convirtiéndose en terapeuta profesional).

Los Doses ofrecen concienzudos consejos y los reparten generosamente, y suelen proponer soluciones a los demás, aunque no les hayan pedido ayuda o prefieran resolver sus problemas por sí solos. Sin dejarse intimidar por una educada resistencia, dan su número de teléfono y animan a los demás a que les llamen de día o de noche. Sea cual sea el problema que tenga la otra persona, los Doses encontrarán la manera de solucionarlo. Como un amigo Dos me dijo en cierta ocasión, «Si todos mis amigos saltaran de un puente abajo, yo no los seguiría. ¡Yo estaría abajo esperando para recogerlos!».

Los Doses escuchan con atención y atienden a las necesidades que manifiestan los demás incluso cuando éstos no son conscientes de lo que revelan; y esto de tan acostumbrados que están a ganarse el corazón de los demás mediante una generosidad desenfrenada.

Y estoy convencido de que esto les funciona en muchas ocasiones. En vez de construir relaciones a partir de intereses comunes, del cultivo de la confianza y de experiencias compartidas, los Doses se convencen de su vieja historia y dan por supuesto que no van a caer bien a nadie ni les van a querer simplemente como son. Creen erróneamente que si dejaran de ayudar, de dar y de servir, el resto del mundo los abandonaría. Así, siguen congraciándose con los demás de maneras que, paradójicamente, pueden ser generosas, pero poco sinceras al mismo tiempo.

Y si alguien rechaza o declina cortésmente sus regalos u ofertas de ayuda, pueden sentirse profundamente ofendidos. «Yo sólo quería ayudar», suelen decir, añadiendo, «Perdona por preocuparme por ti y por intentar hacer lo correcto». Tales respuestas suelen generar cierta reluctancia en los demás a la hora de aceptar su ayuda después de todo. Los Doses están dispuestos a poner el pie para que no les cierren la puerta con el fin de que los inviten a pasar.

De hecho, en ocasiones, los Doses son francamente implacables en el empeño de encontrar gente que pueda necesitarlos. Y aunque sus cuidados suelen ser universales e indiscriminados, muchas veces ponen su atención en blancos fáciles, en personas que se les antojan más débiles y necesitadas, menos capaces. Ofreciéndoles a estas personas lo que creen que necesitan, los Doses van a albergar inconscientemente la idea de que éstas están en deuda con ellos, aunque intenten conducirse como si su generosidad fuera totalmente desinteresada, lo cual puede terminar confundiendo y frustrando a tales personas. Los Doses están diciendo, «No, no tienes por qué devolverme el favor, ¡ni en sueños! Es un regalo que te hago», mientras inconscientemente piensan, «Me pregunto si satisfará mis necesidades en un futuro sin tener que pedírselo directamente».

Y cuando los demás no actúan de forma recíproca o no muestran lo que los Doses consideran una valoración adecuada de sus favores, los Serviciales se deslizan hasta el otro extremo, transformándose bien en el mártir herido cuyas acciones de santidad han sido ignoradas, o bien en el acechador desesperado, que intenta hacer aún más por los que están en su punto de mira. Y, comprensiblemente, aquellas personas a las que quieren ayudar terminan marcando distancias o poniendo límites, impidiendo que los Doses consigan la afirmación que creen que deberían darles los demás. Las personas que se relacionan con los Doses pueden llegar a compadecerse de ellos por ser tan pegajosos y estar tan desesperados por formar parte de su vida; y, dependiendo de la propia historia de su tipo, podrían llegar a dar un salto para rescatar a un Dos en apuros, satisfaciendo nuevamente sus necesidades indirectamente. Cuando los Doses no consiguen lo que creen que necesitan de los demás, recurren a los puntos dolorosos de su pasado, pasando frecuentemente por oleadas abrumadoras y acumulativas de miedo, dolor e ira.

En cuanto los Doses se percatan de que sus métodos habituales hacen que los demás se alejen de ellos, tachan a todo aquel que se distancia de desagradecido e injusto, refuerzan su historia creando muros y actúan como si no necesitaran nada de los demás. Sin embargo, puedes apostar lo que quieras a que la mayoría de los Doses se pondrá a buscar de inmediato otros objetivos que merezcan más sus pródigas atenciones.

Al igual que todos los tipos atrapados por la resaca de su vieja historia, los Doses no dejan de nadar en círculos, hasta que se dan cuenta del coste de forcejear con la corriente. Es entonces cuando se agarran al salvavidas que tienen justo delante de la cara.

Despertar: Determinar el precio

Los Doses disponen de multitud de regalos maravillosos, positivos y nutritivos que ofrecer al resto de los mortales. Pero, si no están dispuestos a desenmascarar su falsa historia, jamás descubrirán que pueden vivir según una historia distinta.

A veces se precisa de una crisis de relación, del tipo que sea, para que los Doses despierten a la historia que han estado viviendo y, también, para que hagan cambios que mejoren su vida. Para Lisa-Jo Baker, la autora de libros tales como *Never Unfriended* (Nunca se pierde la amistad) y *Surprised by Motherhood* (Sorprendida por la maternidad), fue al llegar a la madurez cuando comprendió las malsanas dinámicas que estaba llevando como Dos, y la enorme cantidad de tiempo y energía que estaba dedicando a servir a otras personas.[4] Siendo niña, asumió el rol de asistente del resto de la familia cuando su madre murió, haciendo el papel de intermediaria entre un padre colérico y unos hermanos con múltiples necesidades.

Incluso, a los veinte años, tuvo que hacer de «negociadora de rehenes» a través de llamadas internacionales con su padre y su nueva madrastra, que no dejaban de discutir. Así, a pesar de ser ya una mujer adulta y de estar viviendo en otro país en aquel momento, seguía teniendo que ocuparse de calmar a su padre.

Le llevó muchos años llegar al punto de decir, «Éste no es mi trabajo. ¡Hasta aquí!». El cambio vino motivado, en parte, porque había sido madre y había aprendido a poner límites a sus propios hijos, que eran, como todos los niños, «agujeros sin fondo en cuestión de necesidades». Al término de un día teniendo que ocuparse de ellos, ayudándoles con sus tareas escolares y preparándoles la comida, lo único que quería Lisa-Jo era disfrutar de un rato de descanso en el sofá, un momento para relajarse. Pero los niños seguían pidiendo.

—No entiendo por qué no puedes ver un rato la tele en paz –dijo su marido.

4. Entrevista a Lisa-Jo Baker, *Typology*, temporada 3, episodio 25, 16 de enero de 2020, disponible en www.typologypodcast.com/podcast/2020/16/01/episode03-025/lisa-jo-baker

—Lo que yo no entiendo es cómo tú sí que puedes –replicó Lisa-Jo–. ¿No te sientes culpable? ¿No te parece que tenemos que seguir atendiendo las necesidades de los niños?

—No, en absoluto –respondió él desconcertado.

Él no tenía ningún problema en «terminar el servicio» al final de la jornada, y aquello hizo que Lisa-Jo se preguntara: «¿Cómo se hace eso?».

Algo que le provocó un chispazo en la cabeza fue cuando su marido le dijo, enérgico:

—Escúchame. ¡Tienes permiso! Ve a descansar.

Ella sabía que no necesitaba el permiso de otra persona para tomarse un descanso; pero, al escucharlo desde fuera, su vieja historia cortocircuitó, la historia que le decía que su valía dependía de la felicidad de los demás y que sólo era valiosa en la medida en que satisficiera las necesidades de los demás.

Así, Lisa-Jo comenzó a descubrir la libertad que nace del hecho de poner límites a los niños. «Vuestros sentimientos no mandan sobre mí», les dice ahora, y lo dice de verdad.

Pero Lisa-Jo dio otro enorme paso adelante en la relación con su padre. En una ocasión en que fue a visitarle, se mostró en desacuerdo con algo que él había dicho, y su padre se escandalizó.

«Intenté mostrar mi desacuerdo de forma amable, pero cuanto más le contradecía, más… me apuntaba con el dedo en la cara y me decía, "¡Basta ya! ¡No! ¡Basta ya! ¡Deja de decirme eso!"». Lisa-Jo señala a continuación que su padre ha hecho su propio viaje de transformación desde entonces; pero, en aquel momento, se sentía profundamente amenazado por el simple hecho de que ella se plantara y expresara su propia opinión.

Me gustaría señalar que, en todos y cada uno de los nueve tipos, el paso del Despertar es ciertamente difícil, dado que exige tomar conciencia en tiempo real de tu guion por defecto y emprender la acción para cambiarlo. Pero creo que este paso es especialmente difícil para los Doses, que están tan concentrados en complacer a los demás. Así pues, dejémoslo claro desde un principio: tu despertar no va a complacer a todos los que te rodean. Vas a enfadar a algunas personas. Muchas de ellas, como el padre de Lisa-Jo, se habrán sentido cómodas con tu costumbre de poner sus necesidades siempre por delante de las tuyas, y se van a sentir confundidas con tu decisión de poner límites y diferenciar tu felicidad de la de ellas. Pero quédate con lo que cuenta Lisa-Jo y otros muchos Doses que han dado este paso, pues encontrarás la libertad en el otro lado.

Reescribir: Elabora tu nueva historia

Fue motivo de gozo descubrir la transformación de Lisa Jo. Y lo mismo se puede decir de Al. Recuerda que Al, con veintitantos años, no hacía más que darse, aunque estuviera acumulando resentimiento en su interior. Como he dicho, su primer avance se dio cuando decidió buscar terapia. Otro de esos avances tuvo lugar cuando se convirtió él mismo en terapeuta. En aquellos años, Al «se lo llevaba todo a casa», todo el sufrimiento y el dolor de sus clientes. «Yo lo sentía, y llevaba una enorme carga sobre mí», comentó.

Entonces, su mentor se lo llevó aparte y le ofreció un poco de perspectiva.

«Al, la gente es muy resiliente –le dijo desde su larga experiencia–. Normalmente, las personas a las que ayudas han estado forcejeando con eso durante quince, veinte o incluso treinta años. Sobrevivirán hasta la semana que viene».

Aquello fue una epifanía para Al. Su trabajo no era salvar a la gente en un solo acto, en un acto dramático humanitario, sino comprender que él no era más que una pieza en el rompecabezas del viaje de esa persona. Se dio cuenta de que «Yo no soy la respuesta final en este drama». Comprendió que otras personas ayudarían también a sus clientes. Dios estaba operando en sus vidas. Incluso, puede que sus clientes encontraran alivio y comprensión al ver una pegatina en un escaparate justo en el momento oportuno. Él no era más que una parte del proceso.

La humildad ganada a pulso por Al se opone a la vieja historia de los Doses, que les dice que su ayuda es indispensable. La pasión del eneagrama en los Doses puede parecer sorprendente, pues es el orgullo. Esto no significa que vayan por ahí sacando pecho por sus logros (aunque algunos de ellos lo hagan) ni que piensen que tienen siempre la razón en todo. Para los Doses, el orgullo se manifiesta en la incapacidad para admitir sus propias necesidades. Como explica la experta en el eneagrama Alice Fryling, «Pueden sentirse orgullosos del hecho de saber lo que tú necesitas, pero tú no sabes lo que ellos necesitan».[5] Lo que anida en el fondo de los Doses es una especie de «¿qué sería del mundo sin mí?». No admiten que tienen necesidades como el resto de los mortales.

Con el fin de redirigir su vieja historia, los Doses tendrán que desarrollar el hábito de hacer regularmente una pausa con el fin de tomar decisiones novedosas frente a los comportamientos habituales por defecto. Como comentó Beatrice Chestnut, la revisión de la vieja historia precisa de paciencia en el caso de los Doses: «Cuando empecé a trabajarme, adopté un mantra: ¿qué necesitas justo en este momento? ¿Qué necesito de verdad justo en este momento? Responder a esa pregunta exigía de mucha compasión, de compasión por mí misma, y no de juicios. Tuve que asumir que no pasaba nada por no saberlo en un principio. Tuve que aceptar que "No lo sé" fuera una respuesta legítima. Entrar en contacto con tus necesidades y entrar en contacto asimismo con tu propio sentido del yo es ciertamente importante para los Doses».

Lo que se encuentra al otro lado de este proceso es la virtud del Dos: la humildad. Esto significa aceptar finalmente que no disponen del tiempo, el dinero y las ideas suficientes como para ayudar a todo el mundo. También significa que los Doses reconocen que sus necesidades son tan importantes como las de cualquier otra persona. Y, del mismo modo que los Unos sienten una profunda libertad cuando admiten sus errores ante los demás, los Doses también la sienten cuando admiten sus necesidades, cuando admiten que con frecuencia sienten soledad y tristeza, como cualquier otra persona, cuando admiten que son humanos... especiales, pero no especiales. Cuando los Doses se apropian de sus necesidades es cuando comienzan a reescribir su historia.

---

5. FRYLING, A.: *Mirror for the Soul: A Christian Guide to the Enneagram.* InterVarsity Press, Downers Grove, IL, 2017, p. 58.

Así es como Al se convirtió en uno de los Doses más evolucionados que conozco. En Nashville, donde yo vivo, Al es una especie de leyenda debido a un servicio que él fundó y que se denomina Porter's Call (La llamada de Porter), que ofrece asesoramiento a músicos y demás artistas que hacen grabaciones de audio. No sé a cuánta gente he oído decir, «Pasé por una etapa horrible en mi vida y Al Andrews me ayudó a salir de ahí».

Pero Al tiene ahora unos límites sanos. Ya no es esa persona que tiene que ayudar, como le ocurre a cualquier Dos no trabajado o como le ocurría a él antes. Ahora es alguien que, con frecuencia, decide estar disponible para ayudar a los demás.

Ideas para la nueva historia del Dos

Los Doses con una historia nueva dejan de centrarse exclusivamente en cómo ayudar a los demás y empiezan a explorar cómo satisfacer sus propias necesidades. Preguntarse directamente qué necesitan es crucial, así como resistirse a su tendencia habitual de calmar, cuidar, solucionar, ayudar y conectar con todas las personas con las que se encuentran.

Si eres un Dos, la transformación tiene que iniciarse en tu interior, de ahí que *agere contra* signifique que tienes que prestar atención a tus propias necesidades. Ya estás demasiado involucrado en la vida y los sentimientos de los demás, así que conviértete en detective e investiga tus propios motivos, expectativas y emociones. Toma nota de tu estado emocional en tu móvil o en un cuaderno tres o cuatro veces al día. También existen aplicaciones a las que puedes recurrir para esto, como MoodKit y Daylio. Utilices el método que utilices, presta atención a cómo te sientes y no sólo a lo que intuyes acerca de los estados emocionales de la gente que te rodea.

Haz, ahora mismo, una lista con tus diez necesidades más habituales, sean físicas, emocionales, económicas o espirituales. Piensa en alguna tarea específica en la que sepas que necesitas ayuda, pero te resistes siempre a pedirla. Y, a continuación, piensa en tres personas que pudieran estar encantadas de ayudarte en esa tarea. Pide hasta que alguien acepte. Y luego comprométete a no hacer nada especial por esa persona entre este momento y el momento en que venga a prestarte ayuda. De hecho, después de ayudarte, no le des nada más que un agradecimiento sincero. Por otra parte, no le compres ningún detalle u obsequio cuando vayas al supermercado.

Recuerda que una buena parte de la transformación que deviene del hecho de cambiar tu vieja historia de Dos consiste en pedir humildemente ayuda cada vez que lo necesitas. De hecho, da un paso más y convierte en un hábito el comportamiento de pedir directamente lo que necesitas; conviértelo en un hábito diario. Y, cuando tomes nota de tus estados de ánimo y tus sentimientos, registra también esto: ¿qué pediste hoy y a quién se lo pediste? ¿Y qué sucedió?

Si eres como otros muchos Doses, quizás lleves un balance general subconsciente dentro de tu cabeza, una letanía de los favores que hiciste en el pasado y de las deudas generadas. Dedica algo de tiempo a reflexionar, escribir en el diario y hacer una lista de todo viejo resentimiento subconsciente que aún puedas albergar y de las deudas pasadas que los demás puedan tener contigo. Sé sincero con cómo te sientes y no te guardes nada. No te asustes si sientes más enfado del que pensabas.

Piensa sólo en por qué te enfada tanto ese caso en concreto. Además, no te sorprendas si ves que tienes una larga lista de personas que te deben dinero o se han aprovechado de tu generosidad y tu tiempo. Piensa que, cuando te aferraste a tu falsa historia, que decía que necesitas que los demás te necesiten para sentirte valioso, probablemente alimentaste un buen número de relaciones que carecían de límites saludables. Respira profundamente y recuerda que estás comenzando un sendero nuevo.

Y, cuando termines con ese balance de resentimientos y deudas, prueba a resolver poco a poco todos y cada uno de los elementos de la lista. Si hay elementos que no tengan demasiada importancia y puedes dejarlos pasar, hazlo. Si otros elementos precisan de una conversación a través de la cual puedas expresar tus sentimientos y aclarar la relación, queda con esa persona, a ser posible cara a cara. Si las deudas se pueden cancelar, hazlo, y házselo saber al deudor. Si no, dile que te gustaría discutir sobre alguna posible vía para que te devuelva lo que te debe. Pero, en todos los casos, haz lo que haga falta para perdonar a los demás. Y luego perdónate a ti mismo por el resentimiento y el rencor acumulado contra ellos durante tanto tiempo.

A medida que desarrolles tu nueva historia, mantente en guardia ante cualquier comportamiento que pueda sugerir que estás olfateando de nuevo las necesidades que puedan tener los demás. Presta atención a la frecuencia con la que te viene el impulso de ayudar a alguien, sobre todo a personas a las que no conoces bien o no conoces en absoluto, y no te sorprendas si eso ocurre casi siempre y con la mayor parte de la gente. A medida que tomes conciencia de tu tendencia habitual a ayudar, intenta crear un espacio alternativo al impulso de echar una mano de inmediato o de hacer un cumplido. Quizás baste con contar hasta diez en algunos casos, o con alejarte de una situación en otros. Prueba a decirle que no a alguien todos los días y, con la práctica, empieza a ser consciente de lo que realmente quieres hacer, en qué proyectos o personas quieres poner genuinamente tu ayuda. Y se te hará mucho más fácil mantener los límites para otras cosas.

El mundo sería más triste, solitario y necesitado sin los vibrantes dones que nos ofrecen los Doses. No hay más que pensar en todos esos profesionales de la enfermería, la medicina y la orientación, en pastores, sacerdotes y monjas, docentes, personas de organizaciones no lucrativas y recaudación de fondos, buenos vecinos y grandes amigos y amigas que son Doses.

Puede parecer cursi, pero adoro el mantra de nueva historia que compartió un amigo mío: «Está muy bien para un Dos convertirse en número uno». Y tiene razón; no sólo está *bien,* sino que es *esencial.*

Los Doses no son nunca segundones cuando ponen sus necesidades primero.

7

La historia del Tres

Una pausa para el Realizador

«Olvídate de impresionar e intenta ser auténtico, ¡porque ser auténtico es impresionante!».

—Jonathan Harnisch

El primer recuerdo de mi amiga Lisa Whelchel es el de un logro suyo. Tenía tres años y su madre la había inscrito en un curso de recitación de rimas infantiles con otros niños, en el que se suponía que cada niño tendría que aprender una rima infantil en el plazo de seis semanas para recitarla delante de sus familias al final del verano.

Pero Lisa subió el listón.

—Memoricé todas las rimas infantiles, y además les añadí movimientos con las manos y coreografía, todo ello con una gran sonrisa en la cara –me contó cuando la entrevisté.[1]

Su profesora la dejó la última para que ella hiciera el gran final de espectáculo. Cuando Lisa terminó su interpretación, hubo un tremen-

---

1. Entrevista con Lisa Whelchel, *Typology*, temporada 1, episodio 20, 16 de noviembre de 2017, disponible en https://typology.libsyn.com/episode-20-becoming-lisa-welchel. La cita se ha editado ligeramente para una mejor legibilidad.

do aplauso. Aplaudieron incluso aquéllos a los que más quería impresionar: sus progenitores.

—Recuerdo que capté la mirada de mi padre al fondo y que pensé algo así como «Creo que le gusto».

Su madre también estaba encantada, y la tomó en brazos y la llevó de aquí para allá mientras hablaba con los demás padres y madres.

—En aquel momento, el mensaje que recibí fue «No hagas sólo lo que se espera de ti. Haz más de lo que se espera y, si la lías bien gorda, tendrás el cariño y la aceptación que todo el mundo anhela».

Ése es el mensaje que llevó consigo cuando empezó a ir a la escuela, convirtiéndose en una estudiante destacada, además de la preferida de su profesora. Eso es lo que interiorizó cuando se reafirmó como cristiana a la edad de diez años y tomó la determinación de «ser la mejor cristiana que hubiera existido jamás». Y eso fue lo que la impulsó a la interpretación en la infancia. «Conseguía todos los papeles en los *castings* a los que me presentaba», dijo, pasando desde papeles en obras locales hasta un codiciado puesto en *El Nuevo Club de Mickey Mouse* a los 12 años.

En realidad, fue Lisa la que se buscó aquel *casting*. Disney ya había hecho una búsqueda de talentos a nivel nacional, pero no habían ido a la zona de Dallas, donde ella vivía. De modo que la intrépida Lisa escribió una carta y le preguntó a su padre si le pagaría un vuelo a Los Ángeles si le ofrecían la oportunidad de hacerle un *casting*. Y consiguió el papel, imponiéndose a una joven Courtney Love durante el proceso.[2]

Este anhelo le valió a Lisa otros papeles siendo adolescente, entre ellos la gran oportunidad de su vida, en el personaje de la pija Blair Warner en *Los hechos de la vida,* una exitosa serie de televisión que estuvo en antena durante nueve años. Pero su necesidad de éxito, me comentó, «siguió creciendo y creciendo y creciendo… hasta convertirse en el guion de mi vida».

Y, cuando el espectáculo terminó, Lisa estaba lista para el siguiente estadio de éxito en la vida, convirtiéndose en esposa de un pastor y en

---

2. «Lisa Whelchel reminisces about her Mickey Mouse Club days» (Recuerdos de Lisa Whelchel de sus días en el Club de Mickey Mouse), 28 de abril de 2019, disponible en www.youtube.com/watch?v=MqGURrCRqBk

madre. «Grabamos el último episodio de *Los hechos de la vida* en marzo de 1988 y me casé en julio de aquel mismo año. Me quedé embarazada en 1989 y luego tuve más hijos en 1990, 1991 y 1992..., de manera que parí también como un Tres». Cuando llevó a sus hijos al colegio se hizo famosa también por su organización, descomponiendo los horarios en secciones de 15 minutos para la hora de la merienda, las manualidades, etc. «Era una madre muy eficiente –dijo–. Quería que tuvieran la mejor infancia de todos y yo quería ser la mejor madre de todas». También acumuló otros logros, publicó libros y, cuando sus hijos crecieron, se convirtió en la favorita de los fans en el *reality show* de supervivencia *Survivor*.

Lisa es un ejemplo de perfil elevado, pero su deseo de ganarse la admiración de los demás es característico del tipo Tres, que le hemos dado el adecuado nombre de «el Realizador». En fases tempranas de la vida, los Treses se adecúan a las expectativas de las personas importantes de su entorno, expectativas que se reflejen favorablemente en ellos mismos, en sus familias e, incluso, en sus tradiciones religiosas. Obsérvese que Lisa decía que quería estar en la cima en todo, como actriz, como madre y como persona de fe. Ésa es la presión que los Treses se imponen a sí mismos desde temprana edad. Y, a medida que crecen, suelen dejar a un lado aspectos vitales de su verdadero yo, creyendo inconscientemente que tienen que renegar de ciertas partes de sí mismos para ser queridos.

Lisa ha dedicado mucho tiempo a lo largo de los años al estudio de los tipos de personalidad del eneagrama, de modo que está familiarizada con muchos de los aspectos más oscuros del Tres, como el de mostrarse agradable con todo el mundo, pero intimar verdaderamente con muy pocos. Uno de sus puntos de inflexión tuvo lugar cuando se dio cuenta, bien entrada la madurez, de que no tenía «una mejor amiga». A los Treses no les resulta difícil caer bien, sobre todo porque se esfuerzan mucho por caer bien y que los admiren. Pero también pueden ser cautelosos y procurar presentarse de la forma más favorecedora y halagadora posible. Lisa, como un Tres evolucionado que es, sabe que está entrando en zona peligrosa cada vez que se descubre ensayando de antemano lo que va a decirle a alguien con el fin de obtener su aprobación. Y sabe que «amplifica» o exagera la verdad para parecer buena, aunque sus convicciones religiosas le han impedido maquillar la verdad, que puede ser un problema con los Treses no evolucionados.

«Puedo ver una sala y puedo captar los sentimientos de la gente –comentó Lisa–. Eso está bien, pero también puede ser algo negativo si me lleva a ajustar mi yo auténtico en función del miedo al rechazo o a qué dirán de mí».

Éste es un excelente resumen del lado sombrío de los Treses, que pueden perder la autenticidad en su anhelo por trepar un peldaño más en la escala del éxito.

Ver: La historia original del Tres

De forma similar a sus homólogos de la tríada cordial, los Doses y los Cuatros, la historia original de los Treses gira en torno a una creencia central que han cimentado muy pronto en su existencia: que no pueden ser queridos simplemente como son.

En tanto que los Doses creen hacerse merecedores del cariño satisfaciendo las necesidades de los demás, y los Cuatros siendo personas especiales y únicas, los jóvenes Treses creyeron que sus logros y consecuciones los validaban ante los demás y les proporcionaban su aprobación. Las personas importantes en su vida, sea de forma abierta o sin pretenderlo, no valoraban a los Treses en su infancia tal como eran, sino que los valoraban dependiendo de sus logros. No es que estos progenitores fueran negligentes o que se hubieran desvinculado de sus hijos de algún modo; todo lo contrario, pues muchos Treses indican que se sentían especialmente cerca de uno de sus progenitores, con frecuencia el del mismo género, aunque no siempre, que fue quien les inculcó tal sentido de la ambición. Y esto es lo que les hacía sentirse valorados.

Muchas veces, estas figuras paternas o maternas no son conscientes de hasta qué punto están condicionando a sus hijos en la dirección del éxito y el logro. En algunos casos, alimentan la llama de la competencia y la victoria que sus propios progenitores instigaron en ellos. Intentan romper los récords y reclamar los galardones que a ellos se les negaron, o bien intentan continuar con el legado familiar de ser personajes de éxito. El mensaje que sus hijos escuchan es que han de tener éxito para que se los quiera; y, para algunos, esto les lleva a desarrollar un patrón en el cual la barra «éxito = amor» está cada vez más alta. Dicen, «Bien, dado que el último premio me trajo mucho cariño, si doblo la apuesta voy a conseguir mucho más cariño».

Al crecer, los jóvenes Treses pueden estar asumiendo ya un papel tan cargado de expectativas elevadas que terminan por no darse cuenta de la presión a la que han estado sometidos hasta llegar a la edad adulta. Algunos dicen que crecieron en familias en las cuales no sólo esperaban de ellos grandes logros, sino que los obtuvieran en un camino específico, establecido previamente por sus progenitores; es decir, que tenían que ser médicos, por ejemplo, o que tenían que asistir a determinada escuela o instituto. Y lo que se les queda a los Treses con todo esto es que sus sueños carecen de importancia; tienen que hacer lo que sea necesario para satisfacer las expectativas familiares.

La consecuencia de ser la estrella o el héroe de la familia es que los jóvenes Treses aprenden a destacar en todos los ambientes en los que se entran. Tienen que ser los más listos, los más fuertes, los más rápidos, y tienen que estar más preparados que ningún otro. Alimentados por el deseo de satisfacer a una audiencia tan exigente y de evitar la vergüenza y la cólera asociadas con cualquier cosa que pueda parecer una derrota, estos Treses no paran hasta llegar a la cima. Su patrón de éxito se convierte en su identidad.

Me acuerdo de un amigo que tuve en el programa, Jeff Goins. Como sería de esperar en un buen Tres, Jeff es un bloguero galardonado, un solicitado conferenciante y un escritor reconocido con varios superventas. Jeff imparte cursos *online* y está convencido de que hace el mejor guacamole del mundo. Pero, aun con tantos logros, un día se dio cuenta de que no había sabido nunca si, con todo eso, su padre se habría sentido complacido. Jeff comentó, «No hace mucho, tuve una conversación con mi padre y me quedé muy frustrado. Y le dije, "Por Dios, papá, ¿qué tengo que hacer para que estés orgulloso de mí?"».[3]

---

3. Entrevista con Jeff Goins, *Typology*, temporada 1, episodio 8, 24 de agosto de 2017, disponible en https:// www.typologypodcast.com/podcast/2017/08/24/ episode8/jeffgoins

Hasta cierto punto, todo el mundo desea la aprobación de sus progenitores, y los Treses no son una excepción. El problema es que, cuando lo consiguen, no se dan cuenta de ello. En aquella conversación, Jeff le dijo a continuación a su padre, «Nunca te he pedido dinero. Nunca he necesitado nada de ti. Me busqué la vida y me pagué la universidad mediante subvenciones y becas, y trabajando en verano. Incluso cuando las cosas se complicaron, me las apañé solo. Ni siquiera mantuve relaciones sexuales antes de casarme, y nunca me he pegado con nadie». Aunque Jeff no era perfecto, siempre tuvo una sólida brújula moral e intentó hacer lo correcto en todo momento. Y obtuvo impresionantes logros en su trabajo con el paso de los años, convirtiéndose en un escritor de éxito, poniendo en marcha su propio negocio y saldando sus deudas. De modo que, cuando Jeff enumeró todo esto, su padre, desconcertado, le dijo, «No tienes que hacer nada. Estoy orgulloso de todo cuanto has hecho». Jeff no lo había sabido hasta aquel momento.

Las creencias y percepciones erróneas inconscientes gobiernan nuestra vida y perpetúan la falsedad de nuestra vieja historia, por lo que convendrá dejarlas al descubierto por lo que son: mentiras. No estoy seguro de si Jeff firmaría esta lista de creencias, pero muchos Treses me dicen que se identificaron con ellas hasta que despertaron y comenzaron a desprenderse de ellas.

- Yo sería más feliz si tuviera más éxito en mis empeños.
- Si no soy el número uno, no soy nada.
- El mundo valora lo que haces, no lo que eres.
- Me siento valioso cuando los demás me admiran.
- El fracaso no es una opción.
- La imagen y la apariencia son importantísimas.
- Si no eres alguien, no eres nadie.
- No pasa nada por ponerse una máscara para ganarte a distintos tipos de personas.

Es crucial darse cuenta de que la historia de la infancia y las falsas creencias del Tres no se corresponden con las enseñanzas de los Evangelios. Ser es más importante que hacer. La superficie no es tan importante como la sustancia. Un fracaso no constituye la última palabra.

No está bien proyectar al exterior un yo falso. Y éxito no equivale a felicidad. Si quieren tener la libertad de vivir según una nueva historia, los Treses tendrán que desprenderse de estas creencias.

Asumir como propio: Las fortalezas y las sombras del Tres

Los Treses utilizan sus puntos fuertes no para sobrevivir, sino para medrar. De todos los tipos, los Treses suelen dar la apariencia de ser los más confiados, centrados y ajustados. Y dependiendo del público ante el cual estén interpretando su papel, parecerá que sus logros los obtienen fácilmente y sin esfuerzo. Pero ten en cuenta que su punto fuerte es la interpretación, y se adaptarán a cualquier cosa que complazca e impresione a su público.

Astutos y perfectamente conscientes de la importancia de la imagen, los Treses serán capaces de pivotar instantáneamente en su apariencia para convertirse en personas encantadoras, dignas de confianza, agradables, accesibles e identificables, tanto si de lo que se trata es de ganarse a un inversor como si se pretende convencer a un jurado, entretener a los invitados, derrotar a un oponente o inspirar a una multitud. Los Treses son los mejores actores del método, anticipando siempre lo que cualquier persona, grupo o público quiera de ellos, para luego, como comentaba Lisa, darles más de lo que pudieran esperar. No resulta sorprendente que muchas superestrellas del mundo del espectáculo sean Treses potentes.

Los Treses sobreviven asumiendo el mando y liderando, y esperan que los demás se esfuercen y sacrifiquen tanto como ellos para alcanzar sus metas. Son organizados, eficientes y capaces, y disponen casi siempre de varios planes. Acabar lo que empiezan es algo natural para la mayoría de los Treses, siempre y cuando los medios lleven a un beneficio, como obtener un título, lanzar una *start-up,* ganar un campeonato, conseguir el despacho de la esquina o superar el millón de seguidores en Instagram. Altamente competitivos en casi todos los campos, los Treses disciernen lo que es necesario para batir a sus oponentes y vencer la contienda.

Y hacen todo esto mientras encantan y seducen a los demás. En tanto que los Nueves, los Pacificadores, comprenden y aprecian los distintos puntos de vista en un conflicto, encontrando una vía a través de la cual todos salgan beneficiados, los Treses son implacables a la hora de conseguir lo que quieren, sea para sí mismos o para sus organizaciones. Esta perseverancia también la podemos encontrar en los Sietes y los Ochos, quienes, junto con los Treses, son los que componen la «postura agresiva» del eneagrama: ven lo que quieren y, simplemente, van a por ello y lo consiguen. Frente a cualquier obstáculo o inconveniente, los Treses insisten en lo que quieren, mientras ofrecen algún tipo de premio de consolación o gesto reconciliatorio al resto de partes interesadas.

Y, aunque son hábiles a encontrar soluciones que los beneficien, los Treses rara vez saben cómo manejar las respuestas emocionales de los demás. No están seguros de cómo responder ante los sentimientos ajenos porque están desconectados de sus propios sentimientos, lo cual nos lleva a su lado sombrío y al elevado precio que tienen que pagar por su éxito: porque están tan obsesionados por ser vistos como personas de éxito que pierden el contacto con sus emociones y con otros aspectos de su identidad que los podrían llevar a su yo auténtico.

Los Treses se definen a sí mismos por su *curriculum vitae.* Se identifican en exceso con lo que hacen y tienden a equiparar su valía con sus logros; pues sin todas esas consecuciones con las que buscan impresionar a los demás, temen no ser nada. Como Jeff Goins me contó en su entrevista, «La percepción que tienen los demás de mí en algunos aspectos define la percepción que yo tengo de mí mismo». Si Jeff le pusiera título a su vieja historia, éste podría ser *Yo debo ser una persona de éxito porque tú así lo crees.* Al igual que la mayoría de los Treses, su debilidad emerge cuando no consiguen ganarse la aprobación de los demás o cuando los estándares del resto del mundo parecen cambiar.

Muchos Treses no pueden entender que alguien rechace lo que hacen —sobre todo si están arrasando en su campo— y en cambio los quieran tal como son. Los Treses atascados en su vieja historia no tienen conciencia de identidad, de un yo auténtico, más allá de lo que hacen, por lo que les suele confundir enormemente, e incluso aterrar, que los demás les llamen la atención o puedan vislumbrar algo más de lo que realmente son. Se sienten mucho más cómodos ateniéndose al viejo guion –si ha funcionado hasta ahora, ¿para qué cambiarlo?– que arriesgándose a la desconocida e incómoda vulnerabilidad y a la transparencia que un nuevo guion les pudiera exigir. Los Treses son adictos al trabajo, y se muestran orgullosos de sus semanas de ochenta horas laborales, de responder a los mensajes de texto y *emails* durante los fines de semana, de estar preparados antes que todos los demás. Son los que más forcejean con el equilibrio entre la vida laboral y la vida privada de todos los tipos del eneagrama, y están en modo «on» casi siempre, poniéndose a trabajar de inmediato en cuanto sienten la llamada, dado que en realidad nunca desconectan. Los Treses se dicen a sí mismos que todo lo que no sea hiperproductividad no sirve, es holgazanería y es preludio de fracaso. Esta vieja historia ha creado un surco tal en su psique que, si intentan cambiar de hábitos sin cambiar la historia, no tardan en caerse del carro. Tienen la sensación de no poder evitarlo, y creen que tienen que trabajar porque no encuentran sentido a quiénes podrían ser más allá de lo que hacen.

En consecuencia, los Treses pueden ser increíblemente resistentes a cualquier intento de cambio de conducta y a cualquier enfoque emocional, espiritual y psicológico. Y si se sienten presionados para realizar un cambio interior o cuando alguien les pide que se muestren tal como son, los Treses pueden caer en una profunda inseguridad y emprender la retirada en medio del negacionismo y la incredulidad.

El Tres es el tipo más preocupado por su imagen de todos los tipos del eneagrama, por lo que también puede canalizar su frustración mediante la vanidad y el narcisismo, aferrándose a la creencia de que los demás nunca deberían verle sudar, que tiene que mostrar siempre el aspecto de una persona de éxito, bien acicalada y lista para entrar en acción. Los Treses saben cómo aparentar, independientemente de lo que ocurra a su alrededor. «Finge hasta que lo consigas» era el mensaje grabado como un grafiti en la cabeza de todos los artistas e intérpretes prometedores. Son capaces de entrenar de forma rutinaria, si no obsesiva, para mantener el nivel de condición física que consideren necesario con el fin de mostrar su mejor aspecto, y algunos recurren a estimulantes como la cafeína, o incluso a drogas que potencian el rendimiento, para mantenerse centrados.

Muchos Treses suelen recurrir a la frase de «Cueste lo que cueste».

Pero «lo que cuesta» supone un peaje inmenso para su cuerpo, para sus relaciones personales y para su alma.

Despertar: Determinar el precio

La mayoría de los Treses no hacen un cálculo del precio ni inician el proceso de cambio en su vieja historia hasta que las grietas de un terremoto masivo no se abren bajo sus pies en sus bien cuidados jardines. Normalmente, siguen dormidos en sus trillados patrones de vida durante más tiempo que el resto de los tipos del eneagrama por las mismas dos razones que apuntalan sus fragmentadas historias: porque tienen éxito y porque no podrían soportar admitir la verdad si no lo tuvieran. «¿Para qué voy a querer hacer ningún tipo de trabajo interior si mi vida exterior me va perfectamente?», se preguntan. Después de todo, tienen buen aspecto, y eso es lo único que cuenta.

Los Treses pueden seguir interpretando su vieja historia hasta mucho después que las personas de otros tipos. Muchos Treses están en su cuarentena, en su cincuentena o más allá de los sesenta antes de estrellarse y despertar a la nueva historia. Puede ser un ataque grave al corazón o un derrame cerebral por exceso de trabajo y falta de sueño. Puede ser que su pareja se niegue a seguir jugando al juego de las apariencias, mientras desfallece por falta de intimidad y de una relación emocional plena. O puede que le hunda el negocio en una recesión o con un cambio en los mercados debido a acontecimientos que están totalmente fuera de su control.

Lisa Whelchel ha tenido muchas epifanías en su viaje hacia una mayor conciencia de sí, pero tuvo un momento especialmente decisivo cuando, pasados los cincuenta años, una relación sentimental se le vino abajo. Ella ya se había divorciado en una ocasión, y sabía lo que era el dolor, pero ahora se le desmoronaba otra relación. Aquello la arrojó al «abismo aterrador del vacío» de ser un Tres que había puesto su identidad en algo y no le había ido bien en ello. «La relación no funcionó y, de pronto, me encontré con todo aquello que yo había estado intentando no sentir –dijo–, que había algo que no era capaz de hacer bien para conservar el amor». Le preocupaba no tener nada que ofrecer si no conseguía ofrecer algo realmente espectacular. Sin sus logros, podrían verla como una persona ordinaria, aburrida o poco atractiva. Y lo que le ayudó al final fue reconocer la sombra del Tres, «y no sólo los aspectos brillantes».

Al experimentar crisis y pérdidas como éstas, los Treses pueden sentirse desconectados, a la deriva en esa vida tan bien planificada que tanto les ha costado construir. Muy posiblemente, hasta que no viven estas situaciones, con un dolor y una angustia innegables, los Treses no entran realmente en contacto con sus emociones y comiencen a reflexionar de verdad. Creían que no había motivo alguno para bajar al sótano si todo en los pisos superiores estaba funcionando correctamente. Y, de repente, un acontecimiento traumático o una pérdida inesperada sacude la casa hasta los cimientos, y los Treses no saben quiénes son ni qué hacer.

Con suerte, despertarán y querrán cambiar su vieja historia antes de que la tormenta caiga sobre ellos, pues, de lo contrario, será el precio gradual y acumulativo de su interpretación el que los llevará a cambiar, pues estarán exhaustos. Estos Treses se despertarán turbados a las dos de la madrugada, incapaces de apagar su mente y sin saber muy bien qué es lo que hace saltar sus alarmas.

Jeff Goins se dio cuenta de que tenía que cambiar tras reconocer el mensaje de un sueño recurrente, uno que había estado acosándole de cuando en cuando a lo largo de su vida adulta. «Soñaba que estaba otra vez en la universidad, en el último semestre del último curso, y que estaba como a dos semanas de la graduación. Estaba mirando mi expediente académico y me daba cuenta de que había un curso en el que me había matriculado, pero a cuyas clases nunca había asistido». En el sueño, Jeff se había olvidado por completo de aquellas clases de ciencias, que había detestado desde el primer día y había dejado de asistir. Es como si hubiera algo grande que se le ha pasado por alto y que ya no iba a poder remediar en el tiempo que le quedaba hasta la graduación. «Creo que es así como me siento cuando tengo un gran proyecto por delante –comentó–, que no lo voy a poder terminar o que se me va a pasar algo por alto y que eso se va a revolver y me va a morder, y que todo el mundo lo va a ver».

Jeff solía tener este sueño en épocas de gran intensidad y con exceso de compromisos. Y, en la medida en que dejaba de lado sus emociones, su ansiedad, su miedo y su estrés se le manifestaban en sueños. Esto, junto con algunos otros momentos en que se hizo consciente del problema, llevó a Jeff a sentir la necesidad de hacer cambios en su historia. Él había alcanzado más éxito de lo que hubiese podido planear o imaginar, pero, de pronto, se dio cuenta de que quería otras cosas de la vida. Quería saber quién era, aparte de sus consecuciones. Quería vincularse de una forma más profunda con su familia. Quería amigos en los que poder confiar y con los cuales poder bajar la guardia.

Jeff está cambiando su vieja historia mediante la creación de espacios para su nueva historia.

Reescribir: Elabora tu nueva historia

Estoy convencido de que, para los Treses, es especialmente difícil cambiar la vieja historia desde la mentalidad y la cultura de Estados Unidos, donde todo conspira para que sigan haciendo largos en la piscina olímpica de la aprobación pública. Los Treses tienen que darse cuenta, en primer lugar, de que flotar en la paz de las aguas abiertas de un mar en calma es algo que vale la pena, pues es ahí donde descubrirán a su verdadero yo, en la soledad que permite cultivar el alma, en el anhelo de unas conexiones más profundas con las personas que aman, en el poder de una expresión emocional constructiva y creativa.

Pero lo que se interpone en su camino hacia la transformación es el engaño, que es la pasión del Tres. Engaño no significa que los Treses vayan por ahí contando falsedades a todas horas, si bien es cierto que embellecen sus logros (o, como lo expresó Lisa, «se amplifican» ante la audiencia). Más bien, como lo exponen los maestros del eneagrama Riso y Hudson, el engaño de un Tres consiste en «su tendencia a presentarse de una manera que no refleja su auténtico yo».[4] Los Treses

---

4. RISO, D. R. y HUDSON, R.: *The Wisdom of the Enneagram: The Complete Guide to Psychological and Spiritual Growth for the Nine Personality Types*. Bantam Books, Nueva York, 1999, p. 163. (Trad. cast.: *La sabiduría del eneagrama: Guía*

ponen tanta energía en forjar una imagen de cara a los demás que terminan creyéndose sus mentiras, creyendo que esa imagen es su auténtico yo.

El sendero hacia el cambio y hacia una historia mejor para un Tres se halla, por tanto, en la virtud de la autenticidad. Pero esto es más fácil de decir que de hacer para una persona que se ha pasado la existencia dando vida a un personaje tan convincente que terminó por confundirlo con su personalidad. La autenticidad emerge cuando los Treses conectan con su centro cordial, con su corazón. Los Treses no están seguros de sus sentimientos, sentimientos que, de hecho, temen; se han pasado media vida centrados inconscientemente en hacer y hacer, de manera que no han explorado sus verdaderos sentimientos. Así, para llegar a la autenticidad, tendrán que sumergirse profundamente en sus propios sentimientos, y eso significa hacer pausas para explorar su mundo interior de manera regular.

Aunque en todos los tipos del eneagrama conviene llevar algún tipo de práctica espiritual, como la reflexión o la meditación, para los Treses que están deseando cambiar de vida es de todo punto esencial. Condicionados por su adicción a la actividad y la productividad, el *agere contra* de los Treses significa reducir el ritmo. Los Treses se benefician mucho de una meditación regular, que los lleva a entrar en contacto con su mundo interior, con sus sentimientos, con observaciones e impresiones que se pasan por alto merced a una historia que no deja espacio para la simple alegría ni para momentos placenteros. La meditación nos enseña a estar presentes en el mundo; no nos enseña a hacer nada en concreto, sino a simplemente ser.

La perspectiva de abandonar la actividad y de explorar la propia vida interior va a parecer una pérdida de tiempo para muchos Treses. ¿Para qué reflexionar tanto, cuando se pueden hacer muchas cosas en ese tiempo? (De hecho, Lisa nos ofreció un divertido ejemplo de esta actitud. En su camino para aceptarse a sí misma, Lisa se fue a un retiro de silencio de treinta días. ¡Perfecto! Pero encontró también «una ma-

---

completa para el crecimiento psíquico y espiritual de los nueve tipos de personalidad. Urano, Barcelona, 2017).

nera de saltárselo», escribiendo 92 000 palabras de un manuscrito para así tener algo que mostrar al término de su mes sabático. ¡Claro!).

Una de las maneras en que los Treses pueden comenzar a reescribir su propia historia es desmenuzando las inevitables consecuencias que supondría para ellos el no cambiar. Por ejemplo, hay Treses que no pueden imaginar siquiera la jubilación porque no entienden la vida sin las caricias constantes de ego que el trabajo les proporciona: la siguiente meta a alcanzar, ese proyecto que lanzar al estrellato o los aumentos de ingresos que llevar al banco. Estos Treses han descuidado su vida interior durante tanto tiempo que temen no ser nada sin su profesión. Han aceptado la falsa historia de que su valía depende de su último logro. Como señala Gail Saltz en *Becoming Real* (Volverse real), ésa es una vida condicionada hasta la depresión, una vida que «te impide que te sientas adecuado o suficiente cuando no rindes, destacas o ensalzan tus virtudes».[5] Los Treses que quieren cambiar su historia podrían preguntarse ahora si quieren pasarse sus años dorados sintiéndose menos que humanos porque ya no trabajan (o peor aún, porque están enfermos o en una situación de vulnerabilidad). Tener una vida plena entonces dependerá de si se cambia la historia ahora mediante el auténtico reconocimiento del propio valor inherente con independencia de los logros.

También dependerá de que el Tres se permita sentir emociones genuinas, incluidas las emociones más oscuras y temibles, que dejan de lado mientras están ocupados buscando palmaditas en la espalda. «Yo no hice el duelo hasta 2018», comentó el artista de hip-hop Lecrae en *Typology*. Para entonces, este intérprete había pasado ya de los treinta años y lo había conseguido todo, rompiendo récords de ventas y convirtiéndose en la primera persona en ganar un Grammy en música de góspel con un álbum de hip-hop. Pero, entre bambalinas, Lecrae forcejeaba con emociones largo tiempo reprimidas debido a un trauma que había padecido en su infancia.

«Al final me di permiso para sentirme colérico, decepcionado y triste por algunas cosas que me habían ocurrido», incluida la ausencia del

5. Saltz, G.: *Becoming Real: Defeating the Stories We Tell Ourselves That Hold Us Back.* Riverhead Books, Nueva York, 2004, p. 167.

padre y una historia de abuso de sustancias. Comentó que había llorado más en aquel año que en toda su vida. Dejó de beber y de tomar Xanax, para no amortiguar las emociones más duras.

«Fue como, "¡Uah! ¡No me gusta esto! ¡No me gusta esto en absoluto!"». Pero se dio cuenta de que, si realmente quería cambiar, tenía que abordar su dolor; se dio cuenta de que no había atajos. «Por mucho que detestara mi pesar, por mucho que detestara tener que pasar por todo eso, no había otra manera de llegar hasta donde estoy ahora», me dijo.

Pero no lo hizo solo. Él sabía que se enfrentaba a una depresión y una ansiedad agudas, y que necesitaba ayuda profesional. Como otros muchos Treses, encontró alivio con un terapeuta que le ayudó a ver su valía inherente. Pero no fue fácil: en los dos primeros intentos, se descubrió de pronto interpretando su personaje ante los terapeutas, dando forma a su mensaje y preguntándose qué pensarían de él si les dijera la verdad auténtica de su vida. Esto es típico de los Treses. Les resulta especialmente tentador y fácil empaquetarse y comercializarse a sí mismos para el consumo de masas, incluso en una terapia. Por eso necesitan a alguien que sea capaz de ver a través de los titulares y los anuncios, que se dé cuenta del momento en el que vuelven a caer en su viejo y falso personaje para sacarlo de ahí.

Por último, Lecrae dio con la terapeuta correcta, una terapeuta compasiva, pero que no iba a pasar por el aro de nada que no fuera autenticidad. La terapeuta le confeso que todo cuanto le había contado acerca de su vida le había resultado doloroso a ella. «Eso era lo que yo necesitaba escuchar antes de seguir adelante», dijo Lecrae. La compasión de la terapeuta le dio el impulso necesario para dar a conocer toda su historia. «Pues si crees que eso es duro, ¡deja que te cuente lo demás!». A partir de ahí, la terapia despegó.

Ideas para la nueva historia del Tres

Si eres un Tres y deseas construir una nueva historia, piensa de qué modos puedes cuestionar tu actual definición de éxito. Dejando a un lado la definición externa recolectora de trofeos de tu vieja historia, discierne un tipo distinto de éxito basado en tus sentimientos, en tu identidad, tus deseos y valores, no en aquéllos de los que te impregnaste en tu condicionamiento familiar y cultural.

En tu caso, esto supondrá reservar algún tiempo para escribir el diario, teniendo en cuenta que parte de lo que escribas puede resultarte doloroso. Haz una lista de los costes que te supone mantener tu viejo guion. ¿Qué relaciones de tu vida están sufriendo debido a tus excesos en el trabajo, a ese empeño por hacer y conseguir? ¿Se resiente tu relación de pareja? ¿De qué modo podrías conectar con las personas importantes de tu vida dejándoles ver quién eres realmente?

Y, mientras tomas nota de todo esto, piensa en cuál sería tu identidad si de pronto desaparecieran todos tus premios, logros, muletas de estatus y descriptores de roles. Busca algún tipo de recordatorio –una nota, una imagen, un objeto sagrado– que veas a diario y que te recuerde tu verdadero yo.

Y mientras te enfrentas a tu adicción al trabajo, establécete unos límites entre el hogar y el trabajo, y respétalos. Tómate respiros a lo largo del día para comer, hidratarte, meditar o simplemente respirar. Haz comprobaciones a lo largo de la jornada y pregúntate, «¿Cómo me siento justo en este momento?». Deja de trabajar lo más cerca posible de la hora de salida y, una vez llegues a casa, no respondas a los correos electrónicos del trabajo. Separa claramente el quién eres de lo que haces.

Además de todo esto, saca el teléfono o el calendario y elige una fecha para irte de vacaciones dentro de los próximos seis meses, sabiendo de antemano que no llevarás trabajo contigo a esas vacaciones. Márcate momentos para desconectar y estar fuera de servicio no sólo durante minutos, sino durante horas, si no días (de acuerdo, puede que tengas que compensar ese tiempo con trabajo). Estás aprendiendo a tratarte bien, a estar presente en el ahora sin tratar de conseguir nada. Estás aprendiendo a perder el tiempo y a disfrutar de cada uno de esos minutos.

Quizás sientas siempre la inclinación a ganarte la admiración de los demás y su aprobación, pero nunca te sentirás satisfecho anímicamente en tanto no alimentes a tu verdadero yo.

Aunque todos necesitamos escuchar que se nos quiere tal cual somos y no sólo por lo que hacemos, los Treses tienen que hacer las paces con esto a diario. Recuerda: eres el reflejo de un hijo o hija de la Divinidad. Treses, sabréis que estáis haciendo un buen trabajo cuando os sintáis amados no por hacer algo, sino simplemente siendo quienes sois.

Y ésa es una historia mucho mejor.

8

La historia del Cuatro

Equilibrio para el Romántico

«La más terrible pobreza es la soledad,
así como el no sentirse querido».

—Madre Teresa

En mi pódcast semanal en *Typology,* cuando converso con mis invitados o hacemos tertulias acerca de lo que es meterse en los zapatos de tu tipo del eneagrama, nunca sé lo que va a suceder. La mayoría de los invitados satisfacen mi casi insaciable apetito por comprender lo que mueve a las personas, pero, de vez en cuando, me sorprenden con instantes de gran ternura, cuando abren el corazón y la conversación deviene, inusualmente, personal e íntima.

Eso es lo que ocurrió cuando entrevisté al músico Ryan Stevenson.[1] Ryan ha ganado el Premio Dove, logrando poner tres de sus singles en el número uno de las listas y ha sido nominado tanto a los Premios Grammy como a los Billboard Music Awards, agotándose las entradas

---

1. Entrevista a Ryan Stevenson, *Typology,* temporada 3, episodio 3, 19 de agosto de 2019, disponible en www.typologypodcast.com/podcast/episode03-003/ryanstevensonbestof

125

en los estadios en los que ha actuado en todo el mundo. Ryan es un pelirrojo de 1,95 m de estatura, con una presencia imponente; está casado y es padre de dos hijos; y, si lo conoces, darás por hecho que se siente tan confiado y capaz por dentro como parece por fuera.

Pero estarás cometiendo un error.

«Si he de ser honesto, me siento como si no hubiera conseguido el éxito», admitió. Comparado con otros músicos de su género, sentía que no había hecho lo suficiente, que no estaba a la altura. Y estando cerca de cumplir los cuarenta, le dolía a veces el pecho y sentía ansiedad a todas horas.

«Llevo años deseando alcanzar el éxito, siendo ambicioso, queriendo demostrar mi valía, intentando demostrar a la gente que soy digno de su admiración», explicó. Pero, aunque estaba agradecido por todos los éxitos cosechados, todavía se sentía fragmentado e inadecuado. En toda situación novedosa, se mostraba muy duro consigo mismo y se decía «Yo no pertenezco a este entorno». Ryan no se sentía amado, y se sentía solo.

Ryan no estaba seguro de cuál era su tipo en el eneagrama: probablemente el Realizador (Tres) o el Romántico (Cuatro). De modo que, con el fin de determinar con exactitud su tipo, le pedí que me hablara de su infancia.

Ryan se aclaró la garganta y dijo:

—Crecí en una pequeña comunidad agraria del sur de Oregón, en un valle, donde había una división radical entre los «tienes» y los «no tienes». O eras un ranchero acomodado, un terrateniente rico, o eras un jornalero de éstos. Por desgracia, mi familia era de los «no tienes». Mi padre se ganaba la vida a duras penas trabajando en una gran explotación lechera. Vivíamos en una casa móvil del ancho de una caravana, de 87 metros cuadrados, que era lo que mis padres podían permitirse en aquellos tiempos.

Esto le resultaba duro porque sus amigos más cercanos eran chicos ricos y él era plenamente consciente de que su familia no tenía dinero.

—Me sentía atrapado en aquella situación de sentirme menos que los demás. Tenía la sensación de que nunca podría tener sus Air Jordans ni sus Nikes, ni todas esas ropas de marca. Yo era el niño de la ropa usada, de los genéricos y las donaciones.

Pero, para empeorar más aún las cosas, Ryan no creció ni pareció alcanzar la pubertad hasta casi los 19 años, pues tuvo el cuerpo de un chico de 11 o 12 años hasta que llegó al último año del instituto. Ahora mide casi dos metros de altura, pero, siendo adolescente, siempre se metían con él y le gastaban bromas por ser pequeño.

—Interioricé toda esa vergüenza, esa sensación de inadecuación, como un marginado –dijo–. Aquel niño ha estado conmigo hasta ahora. Es triste, pero la voz de aquel niño sigue en mi cabeza, empujándome a demostrar a todos aquellos que se metían conmigo que estaban equivocados y a hacerles pagar por el dolor que me causaron.

Mientras él hablaba, no pude dejar de acordarme de una famosa observación que había hecho el escritor William Faulkner, «El pasado nunca muere. Ni siquiera es pasado».

—Ryan, si yo te pidiera que escribieras unas memorias que captaran la esencia de quién eres, ¿qué título le pondrías? –pregunté.

Después de pensarlo unos instantes, Ryan contestó:

—El chico de la ropa usada.

Yo me incorporé y me incliné sobre el micrófono.

—Piensa ahora en tu vida. Es la historia del chico de segunda mano que no le alcanza, que tiene que lograr el éxito que tienen los demás, ¿no es cierto? Es la historia que te has estado contando a ti mismo y a los demás acerca de quién eres, ¿verdad?

—No lo sé –dijo Ryan.

—Ésa es una gran respuesta –dije, antes de empujarle amablemente un poco más–. La historia de *El chico de la ropa usada* ¿sigue siendo actualmente una descripción precisa de tu vida?

—Forma parte de quién soy, y me ayudó a sobrevivir –dijo Ryan, retrocediendo.

—Pero te sientes avergonzado y culpable por lo sucedido, ésa es la percepción que tienes de ti mismo –indiqué–. ¿De qué modo te ha ayudado eso a sobrevivir? Más bien parece que te haya estado matando.

Ryan hizo una pausa.

—Es una espada de doble filo. Me mata y me empuja hacia delante al mismo tiempo –dijo.

—Ryan, ¿acaso Dios quiere que vivas una historia que te está matando y empujándote hacia delante? –le dije con ternura–. ¿Acaso quiere él que sobrevivas, o querrá que vivas la vida plenamente?

—Sé que quiere que viva la vida plenamente, pero algo se interpone en el camino y no sé cómo superarlo –respondió Ryan.

Parecería que a todos nos habría venido bien un gotero de Prozac para superar la hora que duración de aquel episodio de pódcast, pero hubo también muchas bromas y risas esparcidas a lo largo de nuestra conversación. Fue una conversación sincera de principio a fin.

Hacia el final de la entrevista, Ryan y yo coincidimos en que él era probablemente un Cuatro ala Tres del eneagrama, una potente ala Tres, cosa que no debería de sorprender. Como muchos Cuatros, Ryan se sentía deficiente, como si solo él se sintiera no pertenecer a este mundo. Siendo yo también un Cuatro, reconocí los contornos de su vieja historia. Lo bueno para Ryan es que la clave de la transformación se halla en la adopción de una historia mejor. *El chico de la ropa usada* no era más que un primer borrador.

Ver: La historia original del Cuatro

La historia que los Cuatros se cuentan a sí mismos en la infancia me recuerda a *Pinocho*. Recordarás que, en la historia, el carpintero, Geppetto, anhela tener un hijo, de modo que elabora un sustituto de madera al que pone por nombre «Ojos de pino», o Pinocchio. Poco después de crearlo, Pinocho tiene la sensación de que le falta algo y le pregunta al Hada Azul, «¿Soy un niño de verdad?» «No –responde ella–. Todavía no. Tienes que demostrar que eres merecedor de ello».

Esta conversación lleva a Pinocho a una búsqueda en la que intenta reparar su fatídico defecto, encontrar la pieza que falta en su composición esencial, pero no tarda en meterse en apuros. Y, aunque el relato termina de forma bella, yo apostaría a que Pinocho era un Cuatro.

Veamos, los Cuatros crecieron buscando el mismo amor, la misma seguridad y la misma afirmación que busca inherentemente todo niño o niña. Pero, evidentemente, dado que sus progenitores eran tan defectuosos y tan humanos como los demás, los bebés Cuatro no recibieron lo que necesitaban y comenzaron a recoger datos para construir su propia y singular narrativa personal. Se sentían como niños perdidos, invisibles e incomprendidos, como si los hubieran confeccionado con un tejido completamente distinto al tejido de la familia. A edad temprana, los pequeños Cuatros sentían que no encajaban, y de ahí que se preguntaran por qué se sentían tan fuera de lugar. ¿Cómo podían ser tan diferentes en multitud de aspectos a sus progenitores y a sus hermanos? Algunos incluso llegaron a fantasear con ser huérfanos, con que quizás tenían por ahí unos progenitores biológicos parecidos a ellos que se habían visto obligados a entregarlos en adopción.

Conscientes permanentemente de su estatus «diferente», los jóvenes Cuatros utilizan su poderosa imaginación para transmitir sus sobredimensionados sentimientos haciendo poemas, imágenes, dibujos, canciones u otras formas de expresión. Pero el anhelo por aquellos amorosos progenitores idealizados que nunca tuvieron persiste, y así, al llegar a la edad adulta, los Cuatros buscan otras personas ideales que puedan hacer el papel de mentores, de amigos o amigas, de almas gemelas para ellos. Idealizarán con frecuencia a las personas con las que encuentran una conexión e irán apasionadamente en pos de ellas, hasta que esa persona les haga daño, los decepcione o no esté a la altura de sus elevadas expectativas. Y una vez que se derrumben sus esperanzas ante los falibles pies de barro de los demás, los Cuatros los arrojarán a un lado y continuarán buscando a esa otra persona ideal.

Esta búsqueda del amor perdido surge de la vaga sensación de abandono que tuvieron los Cuatros en algún momento durante su primera infancia, abandono del que se creyeron culpables. Los Cuatros adoptan con los demás una postura de «esperemos a ver», una especie de juego del escondite, sobre todo con sus nuevas amistades. Sus relaciones con los demás son tormentosas, y a veces inestables, pues el Cuatro suele enviar mensajes contradictorios («¡Te quiero! Vete»). Ahora se muestra transparente y vulnerable, y busca una profunda conexión emocional, y al instante siguiente se muestra retraído y distante. Irónicamente, claro está (porque a los Cuatros les gustan las ironías), este *modus operandi* de tira y afloja no suele proporcionarles el tipo de relación segura y comprometida que tanto anhelan. La gente termina cansándose de los patrones de comportamiento de los Cuatros, que no tardan en volverse predecibles y tediosos.

Cuando llegan a la adolescencia, los Cuatros suelen saltar de grupo en grupo y, normalmente, tantean distintos intereses, probando a ponerse también distintos personajes en busca de una sensación más clara de identidad, tras el cariño y el sentido de pertenencia que buscan en los demás. Habituados a sentirse invisibles e incomprendidos por el mundo, los Cuatros proyectan una imagen de singularidad y especialidad para que se los vea y se los acepte. Hay Cuatros con un sentido de la identidad inestable que pueden tener distintos grupos de amistades en función de la identidad que adoptan. En el instituto, yo tenía amistades en muchos grupos sociales: en el club de teatro, entre los intelectuales de élite, entre los artistas, los cantantes/compositores, los poetas y amantes de la literatura, los raritos de la historia y la política, etc. Yo caía bien (aunque no pudiera creérmelo entonces), pero no me conocían. Había llegado a aceptar lo de sentirme diferente y no pertenecer a ninguna parte, y me abracé a aquel aislamiento autojustificado que acompaña a esa falsa creencia.

Me contaba a mí mismo la historia de ser un bicho raro, aunque con el tiempo tendría que constatar cuán similar era mi dolor al de todos los demás cuando conocí a mis compañeros de «promoción» en la hermandad de adictos en recuperación.

Aunque entonces yo no lo sabía, mi vida estaba gobernada por una larga lista de creencias erróneas que yo daba por sentadas. Y seguí aferrándome a mi vieja historia hasta que las reconocí conscientemente y las aparté de mí. He aquí unas cuantas de las convicciones equivocadas con las que yo tropezaba una y otra vez:

- Si una relación se tuerce, probablemente es culpa mía.
- Siento las cosas de manera más profunda que los demás.
- La vida será siempre un tanto decepcionante.
- Soy una persona especial.
- El hecho de que tenga defectos hará que me dejen de lado.
- Me negarán el amor que busco.
- Necesito a alguien que me complete.
- Nunca me comprenderán.

- Yo no tengo la llave mágica de la felicidad con la que otras personas nacen.
- No puedo ser ordinario.

Se trata de creencias fragmentadas, pues en ninguna parte dice Dios, «Eres un inadaptado. Te falta algo que todos los demás tienen. Tienes defectos y no mereces que te quieran. Siempre te abandonarán. Siempre serás un incomprendido».

Hay que desprenderse de esta vieja historia. Tienes derecho a vivir según una narrativa mejor.

Asumir como propio: Las fortalezas y las sombras del Cuatro

Como Cuatro con los superpoderes de la imaginación, del talento musical, la habilidad literaria y un sentido del humor irónico y cínico, yo tuve que memorizar mi falsa historia antes de componer mi primera canción o de escribir mi primer libro.

Los inadaptados siempre encuentran a otros inadaptados, de modo que algunos Cuatros, sintiendo el peso del mundo sobre sus hombros a través de sus propios padecimientos personales, descubren que la manera más rápida de cambiar su estado de ánimo y aligerar ese peso es con el abuso de sustancias. (Si no me crees, fíjate en la lista de Cuatros cuyas vidas terminaron trágicamente: Kurt Cobain, Janis Joplin, Sylvia Plath, Amy Winehouse, Jackson Pollock, Judy Garland... No son pocos los Cuatros que implosionaron).

Las debilidades de los Cuatros no son difíciles de detectar. Son personas de carácter cambiante, y no puedes suponer lo que están sintiendo o lo que van a hacer a continuación. Con frecuencia se paralizan y dejan de actuar cuando sienten sus emociones a todo volumen. Quieren desesperadamente que los comprendan, pero, cuando se los comprende, entonces se preocupan porque son como todos los demás, en vez de ser especiales.

Ese sentido de la especialidad del Cuatro puede convertirse también en un arma de doble filo, que utilizan para cortarse de ambos modos.

Por una parte, los Cuatros se justifican a sí mismos por romper las reglas, por ser la excepción y por ir contracorriente porque son únicos y especiales. Por otra parte, creen merecer mucho más porque nadie reconoce lo especiales que son ni ven cuánto talento, potencial, inteligencia y creatividad tienen. Ese genio no reconocido se convierte en la prueba de que nadie nunca los comprenderá.

Los Cuatros están repletos de ideas creativas, pero llevarlas a cabo puede ser un problema. Esta incapacidad para terminar las cosas puede ser especialmente irritante porque los Cuatros tienen muchos principios brillantes de novelas, musicales, esculturas, cuadros, proyectos, invenciones e innovaciones. Pero otra ironía de la vida es que los Cuatros se vuelven especialmente depresivos e irritables cuando no crean; aunque si nunca terminan lo que empiezan, lo único que hacen es perpetuar la frustración y los cambios de humor.

La capacidad de los Cuatros para los sentimientos profundos, para captar las emociones de los demás y empatizar con el dolor ajeno puede ser un magnífico activo para redimir el sufrimiento de la humanidad y transformarlo en arte. Sin embargo, esta esponjosa capacidad emocional les supone un enorme coste. Como si fueran seres con una capacidad empática sobrenatural, los Cuatros sienten todas y cada una de las vibraciones en una multitud, en una reunión, en una conversación, incluso entre extraños; y esto suele ser profundamente perturbador, a menos que aprendan a filtrar las sensaciones y a protegerse.

Cuando la compositora y cantante Tori Kelly vino a *Typology*, comentó que sentía una intensa presión para sentir aún más empatía con los demás.[2] «Si una amiga estuviera mal y pasando por una mala racha, me sentiría culpable si no se me ocurriera algo adecuado que decirle —explicó—. Yo lo pasaría verdaderamente mal, pensando "Sólo sirvo para componer canciones. Nunca sé qué decir. Parece que lo ponga todo en mi música". Cuando se trata de hablar y de interactuar, soy lo peor». A través del eneagrama, Tori descubrió que «a veces, la gente sólo quiere que les acompañes en su dolor y no que les resuelvas el problema» y

2. Entrevista con Tori Keller y André Murillo, *Typology*, temporada 3, episodio 49, 2 de julio de 2020, disponible en www.typologypodcast.com/podcast/2020/02/07/episode04-001/toriandandre

esto es lo que ella misma podía hacer: su simple presencia quizás fuera suficiente. Saberlo puede ser estimulante para un tipo de personalidad que tiene la sensación de que hay algo deficiente o ausente en su constitución esencial.

Cuando los Cuatros se decepcionan, lo cual sucede con frecuencia porque son proclives a ver cómo podrían ser o deberían ser idealmente las cosas, pueden entrar en una espiral de estados de ánimo oscuros y melancólicos. Esos mismos sentimientos les generan una especie de anteojeras que les impiden ver más allá de ese instante y de su paralizante dolor. El mundo se les viene abajo y ya no saben cómo continuar. Lo que comenzó como un pequeño malentendido con un amigo se puede convertir en una historia de abandono absoluto.

Y, a veces, no son esas pequeñas incomodidades, sino una verdadera angustia existencial lo que puede llevarlos al límite. Los Cuatros no rehúyen las preguntas profundas acerca de Dios, el significado de la vida o lo que sucede tras la muerte, pues se implican en estos asuntos de forma sincera e inquebrantable. Un Cuatro que conozco, Russell Moore (conocido por haber sido un líder de la confesión baptista sureña), intentó suicidarse a los 15 años debido a las preocupaciones que le generó la posible falta de autenticidad del evangelio cristiano.[3] «Yo crecí en la Iglesia y pertenecía a la Iglesia, adoraba la Iglesia. Lo adoraba todo en ella. Pero estaba en ese entorno del Cinturón de la Biblia,[4] donde había un montón de racismo y de violencia, especialmente por parte de los cristianos, en nombre del cristianismo». Y Russell tuvo la sensación de que el mensaje de Cristo había sido secuestrado o estaba siendo utilizado como soporte para alguna agenda cultural o política.

Aquello le llevó a la desesperación. «Si todo esto no es más que un medio para alcanzar unos fines, entonces significa que Jesús no existió. Y si Jesús no existió, entonces todo lo que creo que he experimentado es falso, lo cual significa que el universo es realmente un lugar de som-

---

3. Entrevista a Russell Moore, *Typology*, temporada 3, episodio 39, 23 de abril de 2020, disponible en www.typologypodcast.com/podcast/2020/23/04/episode03-039/russellmoore

4. El Cinturón de la Biblia, *«the Bible Belt»*, hace referencia a una región del sur de los Estados Unidos y del Medio Oeste de Missouri donde el protestantismo tiene un influjo radical a nivel social y cultural. *(N. del T.)*

bras y socialmente darwiniano», pensó. Su fe –y él afirma que su vida– se salvó gracias a la obra de C. S. Lewis. «Había algo en su manera de escribir que me decía que no estaba intentando venderme nada, y que había algo auténtico allí». Aquél fue un momento crucial en la vida y la fe de Russell.

El comentario de Russell relativo a la autenticidad saca a colación otro aspecto de los Cuatros: que son capaces de olfatear cualquier falsedad con la tenacidad de un sabueso. Los Cuatros anhelan las interacciones auténticas y saben de inmediato si la otra persona está representando un papel o tiene una agenda oculta en la relación. Suelen encontrar la autenticidad que buscan en la música, el arte y la poesía. La esposa de Russell bromea diciendo que quien quiera conocer a Russell no tiene más que escuchar la música de Jimmy Buffett. Pero no la música divertida y caribeña de la cadena de restaurantes Jimmy Buffett's Margaritaville, sino la del Jimmy Buffett que escribió «palabras para hacerte llorar» en su canción *Death of an Unpopular Poet* (La muerte de un poeta impopular).

Despertar: Determinar el precio

Los Cuatros temen que sea demasiado tarde para cambiar, tanto si tienen 9 años como 89, porque cambiar la propia historia significa reconocer que siguen disponiendo de opciones para redirigir su vieja narrativa. Se percatan de que la autenticidad tiene lugar cuando dejan de intentar demostrar lo diferentes que son, con independencia de cuánto tiempo se hayan pasado negándose a ver la verdad.

Lo bueno es que nunca es demasiado tarde para cambiar y que realmente vale la pena. Pero para eso hay que despertar a todos los guiones de la vieja historia que han estado dirigiendo tu pensamiento. Me refiero a ideas tales como:

- Mis sentimientos son abrumadores porque la vida es dura.
- El pasado está siempre conmigo, y nunca podré cambiar.
- Todo el mundo se las apaña para ir por la vida sin la angustia existencial que yo siento.

- Nadie me comprende ni comprende lo mucho que sufro.
- A menos que sea especial, seré invisible.

A diferencia de estas afirmaciones, los Cuatro que viven según una nueva historia utilizan su sensibilidad para llegar a los demás y ayudarles con sus virtudes. Se reinventan a medida que las circunstancias oscilan, aguantando los golpes en lugar de absorberlos. Estos Cuatros viven la seguridad y la estabilidad que en otro tiempo los eludía, manteniendo las manos abiertas y conservando la perspectiva. Aceptan que las pérdidas forman parte de la vida y que nos suceden a todos. No se toman de manera personal los golpes de la vida para, en cambio, buscar destellos de esperanza y hebras de belleza en todo y en todos los que se encuentran.

Los Cuatros de nueva narrativa pueden deleitarse con el poder de sus emociones sin ahogarse en ellas. Actúan más de lo que se imaginan actuando. Dejan de mostrarse ajenos cuando surgen las oportunidades para integrarse en los grupos y conectar. Practican disciplinas y hábitos que les proporcionan estructuras y contenedores para las emociones, las ideas y las inspiraciones que fluyen a través de ellos a diario. Los Cuatros reflejan la belleza de la Divinidad y saben que nadie debe conformarse con menos que saber que lo mismo les ocurre a ellos.

Los Cuatros inexpertos mantienen una extraña relación con el pasado: por una parte, tienden a revolcarse en él, rascándose una y otra vez las costras de los remordimientos. Echan la vista atrás y rumian acerca de su vida y de lo que perciben como oportunidades perdidas: aquella pausa en las actuaciones que nunca tuvo lugar, aquella alma gemela que se alejó. Su pasado está repleto de tristeza y de sensaciones de abandono. Por otra parte, tiene la extraña sensación de que todo lo bueno que haya ocurrido en el universo ya sucedió, y está todo en el pasado. Como dice mi esposa, «¡Ian, eres la única persona que conozco que puede ver el túnel al final de la luz!». Lamentándonos en los remordimientos y en una nostalgia melancólica, los Cuatros no vemos el vaso medio vacío ni medio lleno, sino que echamos la vista atrás a cuando se hacían los vasos en los pueblos y se soplaban a mano.

Los Cuatros de nueva narrativa hacen el esfuerzo de vivir en el aquí y el ahora. En vez de anhelar una pareja romántica ideal, ven lo que tiene de bueno la pareja con la que conviven. En vez de imaginar que su verdadera vocación en la vida era ser un profesional de la música y que perdieron aquella oportunidad, siguen tocando su instrumento y componiendo canciones, aunque no les vaya a suponer hacer una carrera musical. La capacidad para permanecer plenamente presente es un indicador del Cuatro maduro en su nueva narrativa.

Reescribir: Elabora tu nueva historia

Los Cuatros que están escribiendo una nueva historia tienen que enfrentarse a su monstruo de los ojos verdes, pues la pasión de este tipo es la envidia, que no es lo mismo que los celos. Como he intentado explicar muchas veces, la envidia tiene más que ver con el deseo de las *características* que tienen los demás, y los celos tienen más que ver con *cosas*. Los Cuatros creen que sólo ellos carecen de las características que tienen el resto de las personas y que les permiten ser felices.

Tsh Oxenreider, que es una amiga escritora y *podcaster,* me dijo que, cuando descubrió la importancia que tiene la envidia en la manera de ser del Cuatro, fue cuando confirmó que ella era un Cuatro.[5] Ella había supuesto que todo el mundo tenía los mismos sentimientos, que la envidia era algo que sentían todas las personas.

Pues no. Aunque todo el mundo siente envidia en algún momento, sea cual sea su tipo del eneagrama, los Cuatro son los que la han perfeccionado hasta convertirla en un arte, en una forma de vida. Pero Tsh ha descubierto un excelente truco para contrarrestar cualquier arranque de envidia: la norma de «crear antes de consumirme». Cada mañana, antes siquiera de echar un vistazo a las redes sociales (que es un factor determinante para la envidia), Tsh tiene que crear algo, y «simplemente sentirme bien siendo yo misma». Posteriormente, después de haber dedicado algún tiempo a crear, Tsh se siente mentalmente mejor

5.   Entrevista a Tsh Oxenreider, *Typology,* remporada 1, episodio 4, 27 de julio de 2017, disponible en https://typology.libsyn.com/episode-4-tsh-oxenreider-the-art-and-angst-of-living-an-unconventional-life

para echar un vistazo a los *feeds* de Instagram de otras personas, que están hechos para hacer creer que viven en un mundo perfecto.

Los Cuatros que están reescribiendo su propia historia pueden encontrar sus fortalezas yendo al aspecto superior del Uno, que es el tipo al que se desplazan para sanar y sentirse seguros. Para mí, adoptar los mejores aspectos del Uno significa que, en lugar de sumirme en un estado de ensoñación y nostalgia retorcida del que no obtengo nada porque mis emociones me absorben todo el ancho de banda, me digo a mí mismo que debo volver al presente para hacer algo y terminarlo realmente.

La compositora ganadora de un Grammy, Ashley Cleveland, que es también un Cuatro, me dijo que resuena con esa idea de permanecer en el presente.[6] Cuando se sume en la oscuridad –lo cual le sucede de vez en cuando, como una adicta en rehabilitación–, se consuela con el hecho de que el Cuatro y el Uno comparten una línea en el eneagrama, y recurre a la tendencia al orden del Uno. «Es divertido –dice–. No quiero ser una persona ordinaria, pero no tengo ningún problema en hacer cosas ordinarias. Me encanta el orden y me gusta tener mi jornada bien estructurada». Ashley se despierta pronto, dedica un tiempo a la meditación y sale a correr con frecuencia. Hace trabajos de voluntariado en su zona y sale a la naturaleza. Esas cosas «son del todo mundanas en sí mismas –reconoce–, pero hacen que aterrices». Es todo un logro lo que ella hace para salir de sus emociones y dejar de compararse con otras personas.

Los Cuatros envidian la satisfacción y la facilidad con la que los demás parecen moverse por el mundo. Suelen suponer que el resto del mundo no ha sufrido tanto como ellos, que su vida ha sido más fácil. Pero esto puede dar a los Cuatros cierto sentido de superioridad porque, si van con cuidado, pueden terminar convirtiéndose en adictos a su propio sufrimiento. Pues lo que se convierte en núcleo de su identidad es su historia trágica del pasado, de la cual no saben cómo divorciarse e, incluso, si lo supieran, ¿qué sería de ellos sin su trágica historia? Serían

---

6. Entrevista a Ashley Cleveland, *Typology*, temporada 1, episodio 48, 15 de junio de 2018, disponible en www.typologypodcast.com/podcast/2018/13/06/episode47/ashleycleveland

personas ordinarias, lo cual apunta, evidentemente, a la motivación subyacente del Cuatro, que es la necesidad compulsiva de ser visto.[7]

Los Cuatros con una narrativa nueva comprenden la verdad de sí mismos: que son ya idóneos, que no hay ningún eslabón perdido, que no falta ninguna pieza en su puzle, que forman parte del mundo y pueden sentirlo como un hogar.

Ideas para la nueva historia del Cuatro

En la mañana de un Domingo de Pascua, mientras estaba celebrando la eucaristía en una parroquia episcopal de Nashville, miré a la congregación y me fijé en un hombre y en su hijo de diez años, que estaban sentados en el cuarto banco, junto al pasillo. Iban los dos vestidos a juego, con sendas americanas de finas rayas blancas y celestes, y camisas Oxford abotonadas de color amarillo pálido, perfectamente adornadas con pajaritas de raso con lunares azul marino.

Viendo esto, uno podría pensar, «¡Oh, mira, padre e hijo vestidos a juego para la Pascua! ¡Qué encantador! Deben de formar una familia muy unida. Apuesto a que van a ir a ver a la abuela después de desayunar para comerse el huevo de Pascua en el patio trasero».

Pero yo no pensé eso. Cuando los vi, una oleada de dolor me pasó por encima. En un instante, pasé de navegar sobre la agradable marea de la celebración del más sagrado de los rituales en un hermoso día de primavera a atragantarme de envidia. Ahí estaba mi padre alcohólico que nunca me había llevado a ninguna parte, y mucho menos a la iglesia en un Domingo de Pascua, vestidos los dos a juego, porque mi padre estaba en casa… inconsciente. Allí estaba mi atribulada pero inquebrantable madre, que nunca habría podido vestirnos a todos y sacarnos por la puerta de casa a tiempo para ir a la iglesia el Domingo de Pascua.

---

7. Este párrafo ha sido extraído de *Typology*, temporada 1, episodio 39, «May the Fours Be With You» (Que los Cuatros sean contigo), 12 de abril de 2018, disponible en www.typologypodcast.com/podcast/2018/05/04/episode39/part-1fours

Pero lo peor de todo era que yo me detestaba a mí mismo por sentir estas cosas. El niño perdido aún en mí sintió la tentación de salir, cerrar la puerta con llave e ir a la licorería más cercana. Tomé nota mentalmente de llamar a mi tutor del programa de doce pasos en cuanto terminara la celebración. Quizás durante el posludio…

Pero entonces escuché también otra voz. «Ya sabes, Ian, que eso no es más que una vieja historia, y que no tienes por qué vivir ya en esa historia. Siéntete dichoso porque ese niño tiene a un padre amoroso. No vuelvas atrás y no compares su infancia con la tuya. Dispones del poder y la libertad para vivir en una narrativa nueva y distinta».

Yo no quería volver a habitar en mi vieja historia de envidias e insuficiencias.

Había llegado muy lejos, con mucho esfuerzo y con la ayuda de Dios y el cariño de mucha gente.

En mi interior, pronuncié una oración por aquella pareja de padre e hijo: «Que el amor y el gozo os inunden hoy». Regresé al instante presente, un instante en el cual yo tenía un nuevo y siempre presente Padre, y cientos de hermanas y hermanos que pronto se congregarían en el pasillo central para compartir la gloriosa comida de Pascua. Ésta es mi nueva historia, una historia mejor, que me dice la verdad de quién soy, de quiénes somos todos, una historia más profunda que nuestras historias y experiencias familiares.

Cuando los Cuatros desarrollan su verdadero yo y viven según él, se vuelven tan hermosos, poderosos, amorosos y compasivos como cualquier otro tipo sano. Se dan cuenta de que su dolor es el denominador común de la humanidad, que nadie se siente del todo en casa en este mundo. Percatarse de esto nos lleva a la ecuanimidad, que es la virtud del Cuatro. Tomar conciencia de que uno no está destinado al sufrimiento tiene un efecto calmante, porque entonces comprendes que no tienes por qué envidiar a nadie. La ecuanimidad equilibra la experiencia de dolor de los Cuatros, llevándolos a experimentar los altibajos de la vida sin identificarse excesivamente con ningún estado emocional fugaz. La misma palabra es un reflejo de este equilibrio; procede de la combinación de las raíces latinas de «igual» y de «alma». La ecuanimidad es el reflejo de un alma serena y emocionalmente equilibrada. Los Cuatros ecuánimes comprenden que son tan buenos como todos los demás, que no carecen de nada fundamental, y que ya no necesitan envidiar lo que el resto de las personas parecen tener.

Para combatir la envidia y llegar a la ecuanimidad, uno de los ejercicios espirituales más eficaces para los Cuatros es expresar gratitud a diario. Haz listas de bendiciones en tu vida y cosas que agradecer, sobre todo por la mañana y por la noche. El *agere contra* de los Cuatros consiste en dejar de rumiar sobre todo aquello de lo que careces, sobre lo que nunca tuviste o lo que debiste aprovechar cuando se te dio la ocasión. Más bien, céntrate fijamente en aquello de lo que puedes dar gracias. Comienza con una lente panorámica y ve descendiendo hasta llegar a un primer plano: estar vivo, tener un hogar, tener comida, poder tomar un café, tu mascota, gente que te quiere, trabajo que hacer hoy, transporte cuando se necesita, proyectos creativos que sacar adelante…

Date cuenta de que las críticas y los juicios con los que te flagelas son, con frecuencia, envidia encubierta. En vez de centrarte en lo que los demás tienen y tú no, o de encontrar carencias en los demás que tú no tienes para sentirte mejor, acepta lo que tienen como suyo. Si es posible, celebra con ellos sus logros, toda vez que adquieran algo que tú anhelas o que reciban una recompensa por sus esfuerzos. Éste es otro aspecto del *agere contra* para los Cuatros: practicar el arte de la alegría empática. Esto significa ser feliz cuando los demás son felices porque estás sinceramente encantado por su buena fortuna. En el budismo, es una de las cualidades superiores del corazón. Míralo como el anti-*schadenfreude*.[8]

Entrégate a aquellas actividades creativas que alimenten tu alma. Toma conciencia de cuándo te invade el aburrimiento, el nerviosismo, la frustración, la melancolía o la decepción, pues todos ellos son señales que te indican que necesitas crear algo. Si en tu trabajo diario te ganas la vida merced a tu creatividad (como ocurriría con la escritura, el diseño o la interpretación), busca otra manera de expresar tu creatividad con algo lúdico, divertido, tonto, trivial o irrelevante para otras áreas de tu vida. O bien, si estás frustrado porque no puedes ganarte la vida

---

8. *Schadenfreude* es una palabra alemana que designa el sentir placer por el infortunio de otra persona. *(N. del T.)*

con tu arte, encuentra la manera de expresar esa frustración creativamente.

Descubre los tipos de belleza que más se adecúan a tu alma: estar al aire libre en la naturaleza, escuchar determinados géneros musicales o artistas, cocinar un plato nuevo a partir de cero, navegar por el portal *online* de tu museo favorito, planear tu próximo viaje o aventura lejos de casa, leer a determinados autores (de nuevo) o cualquier otra cosa que se te ocurra. Ten en cuenta que hay belleza en abundancia en lo cotidiano y lo mundano.

Mi amigo Andrew Peterson, que es cantante y compositor (soy consciente de que hay un montón de músicos en este capítulo, pero no olvides que vivo en Nashville), ha descubierto una manera novedosa de mantener los pies en el suelo literalmente.[9] Cuando se mudó a su nueva casa, que tiene varios acres de tierra, empezó a prestar atención a la naturaleza de una forma totalmente distinta, queriendo conocer los nombres de los árboles que había en la zona o de los pájaros que vendrían a alimentarse a sus comederos. Estando en medio de una racha depresiva, algo que muchos Cuatros padecen, se puso a construir un muro de piedra en sus propiedades y a plantar especies nuevas en el terreno.

Fue una experiencia sanadora, dado que suponía el surgimiento de nueva vida en medio de la desolación invernal y le sirvió para adornar su tazón de avena matinal con arándanos cosechados en sus propios matorrales. Si eres un Cuatro que quiere vivir una nueva historia, presta atención a las estaciones y a los ritmos naturales de la tierra. Permíteles que arraiguen en ti, en una realidad ajena a tus tormentosos estados de ánimo interiores.

Por último, sé consciente de los desencadenantes que te trasportan a tus luchas del pasado y a regodearte en tus viejas heridas; pueden ser sonidos, olores, imágenes, lugares, personas… Haz una pausa en cuanto reconozcas el desencadenante y decide si realmente quieres ponerte

---

9. Entrevista a Andrew Peterson, *Typology*, temporada 3, episodio 39, «May the Fours Be With You» (Que los Cuatros sean con vosotros), 12 de abril de 2018, disponible en www.typologypodcast.com/podcast/2019/07/11/episode3 -015/ andrewpeterson

a pensar en aquella ocasión en la que tus progenitores hicieron tal o cual cosa, en la que rompiste con alguien a quien amabas en la universidad o descubriste que no habías conseguido el empleo.

La elección es tuya. Toma tu inventiva natural y aplícala al trabajo creativo de toda tu vida: el que te llevará a escribir tu nueva historia.

9

La historia del Cinco

Expansión para el Investigador

«Si tienes conocimiento, deja que los demás enciendan sus velas en él».

—MARGARET FULLER

Kenny Benge habla con cariño, y puede que un poco conmovido, de un regalo que sus progenitores le hicieron cuando era niño: la colección completa de *The World Book Encyclopedia* (La enciclopedia mundial del libro). De pequeño, se despertaba por la mañana y, antes de tomarse incluso el desayuno o de prepararse para la escuela, elegía simplemente una letra del alfabeto y leía algo de ese volumen de la enciclopedia. Simplemente por diversión.

«No me es fácil explicar por qué me resultaba tan atractivo, pero era una especie de experiencia estética», dice Kenny. En su infancia en un pueblecito de Oklahoma, quería saber todo cuanto pudiera del mundo. Aprender le proporcionaba un gran gozo y una profunda sensación de conexión.

Pero sus padres siguieron apoyando la construcción de su intelecto. Otro de los regalos que le hicieron fue un equipo de química en los primeros años de secundaria, lo cual le llevó a vivir más aventuras en su descubrimiento del mundo.[1] Cuando se cansó de jugar con el equipo de química, se fue a la biblioteca a buscar libros sobre experimentos de química más avanzados. Afortunadamente, su padre trabajaba para una empresa petrolífera y pudo traer a casa aparatos de laboratorio en desuso para que Kenny se hiciera un laboratorio de química improvisado en el garaje. Kenny se pasaba las horas allí, haciendo fricadas felizmente mientras iba desvelando los secretos de la ciencia (gracias a Dios sin hacer saltar la casa por los aires). Para cuando llegó al instituto, sabía más química que su profesor de química.

Pero si aún no estás convencido de que esta descripción de Kenny se corresponde con un Cinco del eneagrama –el Investigador, llamado así mismo el Observador–, diremos también que Kenny coleccionaba mapas de carreteras, que compraba en las gasolineras y que le servían para conocer aún más el mundo que le rodeaba. La mayoría de los Cincos podrían sintonizar con aquella emoción precoz de Kenny por los empeños intelectuales y por su intento de dominar un amplio rango de campos. «En los veranos, me sacaba de la biblioteca ocho o diez libros cada dos semanas, los leía y, luego, mi madre me llevaba de vuelta». No sólo leía libros de ciencias, sino también de deportes, de ficción fantástica y de cualquier otra cosa que pudiera caer en sus manos.[2]

Socialmente, Kenny no era tan torpe como son muchos jóvenes Cincos, dado que se le daban bien los deportes y podía combinar sus intereses sin demasiados contratiempos. Pero tenía la tendencia a compartimentar sus amistades: por una parte estaban los que conocía de los deportes y por otra los raritos que coleccionaban piedras. Hasta el día de hoy ha mantenido esta separación entre sus amistades.

---

1. Entrevista a Kenny Benge, pódcast *The Road Back to You* (El camino de vuelta a ti), temporada 1, episodio 31, 3 de mayo de 2017, disponible en https://podcasts.apple.com/us/podcast/gift-thinking-kenny-benge-enneagram-5-investigator/id1130747626?i=1000385082807

2. Entrevista con Kenny Benge, *Typology*, temporada 1, episodio 17, 26 de octubre de 2017, disponible en www.typologypodcast.com/podcast/2017/10/26/episode17/panelof5s

«Tengo amigos que comparten aspectos diferentes de las cosas que me gustan, y me parece injusto para ellos imponerles gustos míos que no van a poder apreciar», explica.

Lo que me parece más interesante de este comentario es que asume que otras personas podrían agobiarse si Kenny compartiera todo su yo con ellos, en lugar de repartirse en dosis, que es lo que suele hacer. Esto es pensamiento de Cinco clásico. El hecho de que los Cincos se agoten en situaciones de interacción social prolongada, especialmente en aquéllas en las que no hay un interés compartido, hace que den por supuesto que los demás aborden las relaciones sociales del mismo modo.

Kenny, que es pastor religioso, es un Cinco ciertamente sano que considera una prioridad compensar su tendencia natural al desapego, el aislamiento y el análisis con la investigación de relaciones clave. Kenny está consagrado a su familia y a unos pocos amigos escogidos. El conocimiento todavía le estremece, pero no lo utiliza como una manera de protegerse del mundo.

A diferencia de Kenny, los Cincos no cualificados que viven en su vieja historia se parecen más a alguien que tuviera una experiencia extracorpórea o a un profesor distraído y chiflado. Prestan mucha atención, pero desde los márgenes, absorbiendo información que podría ser útil más adelante. Conocimientos e información de casi todos los tipos proporcionan a los Cincos una línea de defensa contra sus temores. Creen que el mundo es abrumador y extenuante, e intentan poner orden retirándose a su cabeza y confiando en aquellas informaciones que puedan darles lo que la mayoría del resto de los mortales obtenemos de las relaciones, a saber, amor, apoyo y comunidad.

Cada vez que he entrevistado a un Cinco en *Typology*, le recuerdo a mi productor que probablemente tendremos que editar mucho la grabación con posterioridad; y esto no porque a los Cincos les cueste concentrarse o no sean convincentes en sus respuestas. De hecho, es precisamente por lo contrario. Los Cincos saben tanto y tienen tantas ideas y pensamientos a la vez que se ponen a hacer «descargas» desde la «nube» de sus cabezas de Cinco y les puede llevar un buen rato hasta que entran y se abren paso entre archivos y subsistemas. Sólo has de ser paciente y no meterles prisa. Cuando están en modo recuperación y les metes presión para que respondan, te mirarán con cara de póquer y dirán, «¿Cómo te voy a responder si no me das tiempo para pensar?». Y no sólo filtrarán ingentes cantidades de archivos de datos neurológicos, sino que lo organizarán todo y lo dispondrán de la forma adecuada para proporcionar la mejor, la más reflexiva y la más concisa de las respuestas, pues lo que quieren es que sus respuestas sean indiscutibles.

Los Cincos no buscan tanto impresionar a los demás como no parecer tontos, faltos de preparación o escasamente inteligentes. Su miedo ante el mundo en general surge, en parte, de la falta de información y experiencia. En la historia que se forman, el conocimiento es literalmente poder, es la munición necesaria para combatir el desorden y las alteraciones. Esto explica por qué los Cincos albergan la creencia desde temprana edad de que nunca tendrán suficiente de cuanto se necesita para sobrevivir, no sólo suficiente información, sino suficientes recursos, tiempo, dinero, privacidad y autosuficiencia.

Ver: La historia original del Cinco

La historia que los Cincos se cuentan suele ser una reacción ante el mundo, que perciben como intrusivo y excesivamente exigente. Los jóvenes Cincos son habitualmente sensibles, callados e introvertidos, de modo que, cuando se ven obligados a contender con cosas impredecibles –como el verse psicológicamente absorbido por uno de los progenitores (o abandonado por éstos) o como las confusas interacciones sociales del patio de recreo– intentan aislarse, que es uno de los mecanismos de defensa del Cinco. Los Cincos tienen los límites personales más altos y firmes de todos los tipos del eneagrama, y suelen tomar distancias con su corazón y su cuerpo para retirarse a la cabeza.

Lo que hace que los Cincos se conviertan en Cincos es la historia que se cuentan, según la cual el mundo es abrumador y ellos no disponen de los recursos necesarios para gestionarlo por períodos de tiempo demasiado largos. Y su reacción ante lo que perciben como algo caótico estriba en alejarse de los demás. Es una respuesta ante el trauma del abandono de los progenitores, de la absorción por parte de uno de éstos o de su opuesto, su negligencia.

146

Muchos Cincos, en su infancia, parecían más maduros de lo que indicaría su edad, mostrándose callados, imaginativos y autosuficientes. Los Cincos temen ser dominados, cuando no absorbidos, por otras personas, y de ahí que establezcan límites propios, distanciándose eficazmente de sus emociones de temor y creando un espacio mental seguro en el cual refugiarse. Desde temprana edad muestran su disgusto ante la posibilidad de depender de los demás, de ahí que alimenten siempre el anhelo por aprender cosas nuevas, minimizar sus necesidades emocionales y materiales, y desarrollar habilidades que les garanticen la autosuficiencia. Buscan respuestas por sí mismos y así comienzan a construir los cimientos de su conocimiento.

A pesar de su curiosidad, de su iniciativa personal y su independencia, los Cincos no son necesariamente grandes estudiantes en la escuela. Aunque sus hábitos de estudio les pueden ser muy útiles en cuanto a rendimiento, la escuela no deja de ser todo un mundo de incertidumbres y de situaciones incómodas. Las interacciones con sus pares suelen ser torpes y tensas, de manera que muchos Cincos, en su juventud, terminan volviéndose solitarios, lo cual, claro está, no hace otra cosa que reforzar su situación marginal con respecto a las camarillas y grupos que se forman a su alrededor. Los Cincos suelen sentirse muy confundidos ante las interacciones emocionales subjetivas de sus compañeros de clase, así como con la lucha de poder por ser guays y caer bien.

Para cuando llegan a la adolescencia, puede que incluso estudien y analicen estilos de relación y niveles sociales con la esperanza de descifrar el código.

Cuando mi amiga Lori Chaffer estuvo en *Typology* durante un debate de Cincos, recuerdo que me impresionó la manera que tuvo de gestionar su entrada en la adolescencia: «En secundaria, recuerdo que pensé que tenía que haber un sistema que hacía que la gente fuera aceptada y fuera popular, y me propuse descifrar ese sistema». Lori se dio cuenta de que la gente llevaba determinadas prendas de ropa, pero que no las llevaban demasiadas veces seguidas; de modo que utilizó un calendario para llevar un registro de las prendas que ella se ponía, y todo un clásico, estaba codificado por colores. «Pensaba que si lo hacía durante uno o dos meses, sería aceptada y sería normal». Pero no tardó mucho en darse cuenta de que las cosas no funcionaban así.[3]

Intentos fallidos como éste terminan reforzando la historia que los jóvenes Cincos se cuentan a sí mismos: el mundo de las relaciones es agotador. Para sobrevivir a las normas desconocidas e incognoscibles del orden social, tengo que distanciarme y agachar la cabeza. Hay Cincos que socializan bien con aquellas personas con las que comparten intereses. Quizás tengan una o dos amistades, normalmente inadaptadas como ellos, que se vuelven locas por las mismas cosas: leerse todos los libros de Harry Potter, participar en maratones de ajedrez o en videojuegos, o ensayar su interpretación de un personaje, disfraz incluido, para la nueva convención internacional de cómics. Éstos son los chicos que vemos en la serie de televisión *Stranger Things,* jóvenes socialmente inseguros que salvan el mundo con sus conocimientos y su valor. De acuerdo, quizás éstos sean una exageración llevada al extremo del estereotipo del empollón, pero muchos Cincos me dicen que se identifican con ellos.

Los Cincos que crecen aislados debido a sus circunstancias o a su familia de origen, siguen aislándose cuando llegan a la edad adulta hasta mucho después de tener la opción de elegir una nueva historia para conectar con los demás. Pero su confianza en sí mismos y su competencia suelen mantenerlos en el ostracismo hasta bien entrada la edad adulta, hasta que empiezan a chocar contra los muros de su confinamiento voluntario.

Al igual que sucede con todos los tipos, los Cincos se suscriben a una historia que no tiene nada que ver con la historia de Dios, y sus creencias erróneas no hacen más que reforzar su vieja narrativa. Entre estas creencias falsas están:

- Es más seguro observar que participar.
- Si me abro a las relaciones, la gente me exigirá más de lo que les puedo o quiero dar.

---

3. Entrevista a Lori Chaffer, *Typology,* temporada 1, episodio 17, 26 de octubre de 2017, disponible en www.typologypodcast.com/podcast/2017/10/26/episo-de17/panelof5s

148

- Si soy espontáneo o expreso mis sentimientos en el instante, me rechazarán, me sentiré avergonzado y perderé el control.
- Cuanto más sepa, más seguro estaré.
- La autosuficiencia es la clave de mi felicidad.
- Las necesidades y los dramas emocionales de los demás me superan.

En el tránsito desde la vieja a la nueva historia, los Cincos tienen que tomar una decisión. ¿Van a someter su poder ante las viejas creencias, o las van a enfrentar y rechazar? Y lo que es más importante, ¿se dan cuenta de que su vieja historia choca frontalmente con la historia de Dios? Al igual que el salmista, tendrán que preguntarse, «¿De dónde procede mi ayuda?». ¿Realmente van a conseguir algo de seguridad retirándose del mundo y confiando en estrategias arcaicas de la infancia? ¿Acaso los textos sagrados nos dicen que el mundo es un lugar de escasez, más que un lugar de abundancia? Yo creo que no. Al igual que el resto de los tipos, los Cincos necesitan «enderezar su historia».

Asumir como propio: Las fortalezas y las sombras del Cinco

Los Cincos, los Seises y los Sietes constituyen la tríada de la cabeza, y comparten el empeño común de encontrar un refugio seguro en el mundo. Los tipos de esta tríada crean historias en respuesta a la ansiedad que experimentan en un universo incontrolable. Y en tanto que los Seises globalizan su ansiedad y los Sietes intentan ignorarla, los Cincos la gestionan agregando y analizando información.

De los nueve tipos del eneagrama, los Cincos son los más desapegados emocionalmente. No es que no sientan las cosas de forma tan constante y tan intensa como cualquier otro tipo, sino que intentan mantener el control reconociendo una emoción y dejándola pasar, pero puede que no procesen del todo sus emociones hasta bastantes días después del acontecimiento que las provocó.

Kenny nos contaba que le frustraba mucho sentir las cosas tiempo después de los acontecimientos que evocaron los sentimientos: «Envidio a la gente que se hace consciente inmediatamente de lo que siente. Una vez tuvimos un perro en casa que murió tras ser atropellado por un coche. Yo hice un pequeño funeral por él en el patio trasero de casa, y mi esposa y mis hijos se pasaron la ceremonia llorando. Así que yo cumplí con mi parte, ya sabes, estar allí apoyando su dolor. Pero, un tiempo después, mientras estaba en un retiro devocional, me sentí atascado, hasta que me di cuenta de lo triste que me sentía y me puse a llorar. Pero fue dos semanas después».[4]

Kenny exhibió la presencia fría y contenida necesaria durante el funeral, pero a expensas de su propio dolor. Esta transacción es típica de los Cincos, pues suelen echar mano de su mente analítica y su lucidez para llevar a cabo empresas que precisan de una mano firme al timón o de una perseverancia tenaz para innovar soluciones. Condicionados por la historia que se han creado, los Cincos mantienen la calma reflexivamente en una crisis, lo cual los convierte en buenos cirujanos traumatólogos, paramédicos y profesionales de primeros auxilios. También son observadores sin parangón, capaces de registrar lo que ven en expresiones artísticas tales como la fotografía, el diseño gráfico y la pintura, reflejando normalmente un mundo caótico y asimétrico, tal como lo ven, o imponiéndole el orden que creen que necesita.

Los Cincos saben sobrevivir e, incluso, prosperar debido a que traen orden donde hay desorden, e imponen estructura a lo que consideran un caos provocado por los demás. Recurren a su curiosidad, a su tendencia a investigar y a su reserva de conocimientos para navegar por mares desconocidos, dispuestos a asumir riesgos calculados sobre la base de la diligencia acumulada. Conscientes de sus emociones tras lo sucedido, tienden a considerar su calma en el centro de la tormenta que los rodea como una virtud. En tanto que otros tipos se enredan con reacciones emocionales, los Cincos calculan cuidadosamente sus respuestas, por lo que suelen ser las personas a las que recurren los líderes más dinámicos en una crisis, que cuentan con la objetividad, la claridad y la perspectiva a gran escala de los Cincos.

---

4. Entrevista a Kenny Benge, *Typology*, temporada 1, episodio 17, 26 de octubre de 2017, disponible en www.typologypodcast.com/podcast/2017/10/26/episode17/panelof5s

Pero esto tiene también un lado sombrío, porque la vida exige improvisación.

Cuando la historia que los Cincos se cuentan a sí mismos comienza a desarmarse, tienen que hacer horas extra para sustentar su visión del mundo y para hacer lo que sea necesario para sobrevivir en él. La edad adulta suele traer más retos y nuevas capas de responsabilidad, algo que exigirá de los Cincos que hagan malabarismos, que tengan que hacer múltiples cosas al mismo tiempo y, con frecuencia, que se extralimiten en sus capacidades. Cuando las estrategias de su vieja historia dejan de funcionar, cuando la gente que los rodea les exige emociones auténticas en el instante en que deberían presentarse, los Cincos se retiran al modo de una tortuga en su caparazón, cerrando herméticamente toda abertura para mantener a raya a los depredadores.

Abrumados por las incesantes demandas de la vida, los Cincos se sienten profundamente frustrados cuando los conocimientos que almacenan en su cabeza son insuficientes. Toda confianza acumulada con el tiempo puede vacilar, reforzando la idea de que tienen que recopilar aún más datos, analizar más patrones y adquirir más conocimientos. No se sienten preparados y se vuelven temerosos, además de molestos por el modo en que otros parecen descifrar el código del éxito de forma fácil y confiada. Y este resentimiento refuerza el impulso de la vieja historia por retirarse y distanciarse de todo aquello que no computa. Sin embargo, el hecho de que sus viejos sistemas estructurales no funcionen no lo interpretan como una señal para cambiarse a sí mismos y cambiar su narrativa, sino sólo para cambiar sus filtros mentales. Como aquel que compra más y más cajas de almacenamiento o alquila un espacio para almacenar cosas cuando ya no le cabe nada más en el garaje, los Cincos, como todos los tipos, son incapaces de ver lo obvio: ¿y si lo que ocurre es que no necesito todo esto?

En vez de vincularse con los demás y participar plenamente, los Cincos suelen observar la vida desde la periferia. Al tiempo que mantienen una conversación en el trabajo pueden estar analizando los pensamientos y la visión del mundo de la otra persona. O pueden distraer su voraz preocupación mental mediante la aplicación de otros marcos sistémicos –culturales, filosóficos, psicológicos, estéticos, literarios, etc.– para darle sentido al mundo e impresionar a los demás.

Este intento por asegurar cierto sentido de dominio y por ejercitar sus superpoderes mentales puede cobrar vida por sí solo, lo que Riso y Hudson denominaron el «juguete de hojalata interior» del Cinco.[5] Básicamente, se esfuerzan por expandir su historia y convertirla en algo suficientemente grande como para abarcar toda experiencia, idea, pensamiento, conocimiento y análisis discrepante que hayan atesorado y siguen coleccionando. En casos extremos, puede convertirse en una conspiración capaz de rivalizar con *El código Da Vinci*, pero lo más probable es que sea una manera de consolarse para sentirse por encima de las aparentemente arbitrarias costumbres del mundo.

No resulta sorprendente, por tanto, que el resto del mundo pueda ver a los Cincos como excéntricos o un tanto extraños. Aunque, una vez más, los Cincos van a utilizar simplemente estas etiquetas para apuntalar la creencia en su propia inadecuación y separatividad, lo cual equivale a una justificación para seguir aislándose. Cuanto más comenten los demás sus peculiaridades e idiosincrasia, antes intentarán desconectar y volverse invisibles. Y el resto del mundo, en lugar de ver esto como una postura defensiva, pueden dar por supuesto que este Cinco es simplemente indiferente o arrogante.

Muchos Cincos parecen desarreglados, desaliñados y fuera de lugar, como si no pensaran demasiado en su apariencia. Esto puede deberse, en parte, a su frustración a la hora de descifrar las tendencias de la moda y lo códigos de estilo de sus coetáneos, algo parecido a lo que nos contaba Lori Chaffer cuando llegó a secundaria. Sin embargo, en general, los Cincos ven la ropa como algo práctico y funcional, más que como una manera de expresarse o una declaración de estilo. Cuando mi amigo el doctor Andrew Root, escritor y profesor asociado en el Seminario Luterano de Saint Paul, en Minnesota, describió su mundo como Cinco, confesó que la manera en que normalmente se viste es para «no ganar un premio de la moda»,[6] aunque reconocía que le encantaban las prendas de regalo, como las que se dan en congresos y

---

5.   Riso, D. R. y Hudson, R.: *The Wisdom of the Enneagram, op. cit.,* p. 217.
6.   Entrevista a Andy Root, *Typology,* temporada 1, episodio 19, 9 de noviembre de 2017, disponible en https://typology.libsyn.com/episode-19-andy-root

eventos deportivos, así como las prendas usadas y los obsequios de otras personas.

La falta de interés en su vestimenta y su apariencia cobra sentido si piensas en lo mucho que se tienen que esforzar los Cincos para encajar en su cuerpo físico. Puede o puede no ser discernible para las personas que los rodean en un principio, pero, con el tiempo, advertirán que los Cincos se adhieren, normalmente, a un atuendo estándar. Es posible que a los cincos casados les encante que sus cónyuges les elijan la ropa cada día, y Garanimals, la tienda de ropa para mezclar y combinar para niños, que existe desde hace décadas, se hizo tanto para los pequeños Cincos como para los progenitores Cincos. Esta tendencia es un reflejo del desapego que sienten por su cuerpo o de la vaga conciencia de no estar a gusto en su propia piel, como alguien que llevara ropa prestada de otra persona, una ropa que no le fuera bien y con la que no estuviera familiarizado.

En el relato corto titulado «Un caso doloroso», de la colección Dubliners, James Joyce describe al señor Duffy como a un hombre que «vivía a escasa distancia de su cuerpo, mirando de reojo sus propios actos con mirada dubitativa».[7] Sería razonable sospechar que este personaje es un Cinco en su esencia, pues incluso se habla a sí mismo de sí mismo en tercera persona. Es como si los Cincos se sintieran dentro de un recipiente que no saben muy bien cómo funciona, dando como resultado un comportamiento tímido e incómodo, y la sensación de no sentirse a gusto en su propio cuerpo.

Los Cincos suelen aliviar esta incomodidad, junto con su desdén por lo inesperado y lo impredecible, aferrándose a rutinas y patrones habituales de conducta. Pero, aunque estos sistemas estructurales les sirvieron bien mientras crecían y necesitaban controlar el caos o evitar ser engullidos por los demás, al llegar a la edad adulta se vuelven rígidos, obsesivos y disfuncionales. A los Cincos no les gusta que sus amistades lleguen sin avisar, no porque no sean hospitalarios, sino por-

---

7.   Joyce, J.: «A Painful Case», en *James Joyce: A Critical Guide (James Joyce: Una guía crítica)*, editado por Lee Spinks. Edinburgh University Press, Edimburgo, Reino Unido, 2009, p. c.

que les trastocan sus rutinas habituales. Les cuesta recibir invitados a casa y se agobian más anticipando la visita que con la visita en sí.

Andy Root comentaba, «Me resulta muy difícil tener a alguien invitado en casa. Lo paso realmente mal». Si su esposa, que es una servicial y graciosa Dos, quiere invitar a su hermana o a los hijos de su hermana a quedarse en casa, «Necesito de tres semanas a un mes para prepararme mentalmente para todo cuanto podría suceder y cómo podría suceder. Para ser sincero, me parece invasivo». El modo en que Andy trata con la ansiedad y con las exigencias del trabajo estriba en volverse muy reservado. «Necesito mi casa y necesito esa pequeña habitación en la cual meterme —comentaba—. Me encuentro a gusto con mi familia inmediata, pero pensar siquiera en tener a un buen amigo para cenar se me antoja una carga insoportable».

Pero de lo que los Cincos no suelen darse cuenta es de que su vieja historia es una carga aún mayor.

Despertar: Determinar el precio

Si los Cincos no hacen una pausa en su vieja historia, el coste de conservarla se manifestará principalmente en sus relaciones. Las personas que los rodean no los comprenden (algo que los Cincos me dicen que escuchan con frecuencia) y los Cincos, sumidos en el trance de su historia, no creen que tengan que justificarse ante nadie. La carencia de emociones que muestran en el instante presente hace que quienes los rodean se pregunten por qué son tan insensibles e indiferentes. Y cuando los Cincos intentan mostrar reacciones sociales adecuadas, tomando como base lo que observan en los demás, pueden parecer distantes o que se creen intelectualmente superiores.

El desapego de la inmediatez de los sentimientos tiene también un precio para las personas que están cerca de un Cinco. Mi compañero Joel Miller me dio un perfecto ejemplo de ello. Su esposa, Megan, que es un Cuatro, «reaccionaría visceralmente y al instante ante algo que a mí me dejaría frío. Y me miraría y diría algo así como, "Estoy cansada de enfadarme por ti"». Megan se esfuerza por comprender cómo puede ser que Joel sea inmune a los efectos de algo que a ella le afecta de forma tan poderosa. Los sentimientos de Joel están ahí, pero son como las piezas de un rompecabezas que él intenta discernir y encajar.[8]

Sin embargo, si la pareja o las amistades de un Cinco no son tan pacientes como la esposa de Joel, pueden terminar dándole un ultimátum o, simplemente, abandonándole y pasando página. Entonces, los Cincos se apoyan en tales pérdidas para reforzar la misma vieja historia sobre lo temible, duro e impredecible que es el mundo. Si no se puede contar siquiera con las personas más cercanas, ¿con quién puede uno contar?

En sus profesiones o su trabajo, los Cincos pueden convertirse en expertos en su campo, pues con tantos conocimientos como almacenan, ¿cómo no lo van a ser? Pero si no son Cincos evolucionados, van a tener que esforzarse por aplicar esos conocimientos de forma eficaz o van a tener que asumir riesgos y trabajar en equipo con otras personas. Se vuelven solitarios, y los demás los perciben como huraños, difíciles o testarudos. Estos Cincos puede que tengan más experiencia y más conocimientos que ningún otro en la empresa, pero son reacios a compartir todo eso. En su deseo por conservar la seguridad de su cómodo carril, se pueden ver adelantados por otras promociones si se los ve como colegas con excelentes recursos informativos, pero no como líderes.

Cuanto más se aferren los Cincos a su narrativa de seguridad en lo familiar, más se aislarán y se desconectarán de los demás. Cualquier cosa que perturbe sus expectativas y rutinas (básicamente, cualquier cosa que los saque de su cabeza) se convertirá en una amenaza. Su historia se volverá una carga obsesiva, y su paisaje mental, que los Cincos consideran su único espacio seguro, se desintegrará en fantasías oscuras y fijaciones idiosincráticas, algo parecido a una novela de Stephen King, que sería lo habitual en un Cinco temeroso. De hecho, King ha comentado en más de una ocasión que él escribe todas esas cosas para sacarlas de su cabeza. En lugar de recluirse en soledad con sus peores temores, Stephen King ha encontrado la manera de exteriorizarlos y compartirlos con millones de lectores. Es un gran ejemplo de

---

8. Entrevista a Joel Miller, *Typology*, temporada 1, episodio 17, 26 de octubre de 2017, disponible en www.typologypodcast.com/podcast/2017/10/26/episode17/panelof5s

lo que ocurre cuando los Cincos dejan de creer en su vieja historia y crean una nueva.

Reescribir: Elabora tu nueva historia

Comprometerse con una narrativa nueva exige del Cinco que se enfrente a sus temores y que salga de su cabeza. Los Cincos se percatan poco a poco de que, como adultos, pueden levantar límites más permeables que, con todo, les permiten no ser engullidos por los demás, enfrentarse al temible caos y responder de maneras que no podían responder en la infancia. Esto no significa que abandonen por completo la tendencia a retirarse del mundo cuando éste se les hace insoportable, pero sí que busquen un equilibrio entre las exigencias de sus relaciones y sus propias necesidades de soledad. El músico Dan Haseltine, de la banda Jars of Clay, que es un Cinco, dice que, cuando están de gira, en medio de la rutina constante de viajes y conciertos, recurre a diversas técnicas para mantener la cordura.[9] «Me voy y me meto en la litera, y me pongo los cascos para escuchar música. Me paso un montón de tiempo en el camerino». Y, en ocasiones, se pone a hacer gestiones, simplemente por mantenerse ocupado –y por estar consigo mismo. «Ésa es mi manera de mantenerme a distancia de la gente que me rodea y de los fans, y de todo lo demás», comentó.

Los Cincos con una nueva historia descubren que tanto su entendimiento como su perspicacia y su curiosidad pueden ponerse al servicio de personas y causas externas. De mente abierta y menos temerosos, estos Cincos meten poco a poco los dedos de los pies en las aguas de las emociones profundas, introduciéndose gradualmente en ellas hasta que descubren que no se ahogan. Más bien, descubren el gozo de flotar en la superficie, así como el de nadar a través de corrientes agitadas. La cueva subterránea de las emociones enterradas en las profundidades se

---

9. Entrevista a Dan Haseltine, *Typology*, Temporada 2, episodio 38, 18 de abril de 2019, disponible en www.typologypodcast.com/podcast/2019/17/04/episo-des02-038/danhaseltine

les hace más manejable, temible aún en ocasiones, pero merecedora del esfuerzo por integrarla.

Veo este tipo de integración en Tim Mackie, que es, tal como él mismo se describe, un empollón de la teología: profesor de seminario y uno de los dos fundadores del Bible Project (Proyecto Biblia), una propuesta para hacer la Biblia comprensible a personas ordinarias mediante vídeos animados breves, ingeniosos y divertidos. A lo largo de su vida, Tim ha estado enfrentándose al problema de la indiferencia y el desapego, típico de los Cincos, si bien condimentado con varias cucharaditas de ansiedad procedentes de su ala Seis. Tim comenta que su formación académica «no hizo otra cosa que cimentar en él la neurosis y unos hábitos poco sanos» como Cinco.[10]

Pero, a los 36 años, Tim fue padre, lo cual le llevó a «una época de descubrimiento personal realmente importante. Me obligó a encontrar nuevas herramientas para comprender por qué me comportaba del modo en que lo hacía con esos pequeños humanos con los que convivo».

Ser padre le hizo más abierto a la recepción de las emociones tal como se presentan, incluso a verlas como un regalo. Cuando lo entrevisté, relató una experiencia que había tenido recientemente, mientras veía con su familia la película *Inside Out,*[11] que trata de las emociones. Uno de los hilos argumentales de la película trata de un juguete olvidado de la infancia del personaje principal, un juguete que sólo existe en los recovecos más profundos de la memoria del personaje. Pues bien, Tim, allí sentado con sus hijos, de cuatro y seis años, se sintió de pronto abrumado ante la idea de cuánta infancia perderían sus hijos para siempre por no poder recordarla, y aquello le llevó a echarse a llorar desconsolado.

«Fue como si mi organismo se viera de pronto asaltado por un sentimiento de duelo y pérdida. Mi esposa se me quedó mirando, pues yo nunca lloro, como diciéndome, "¿Qué demonios te pasa? ¿Estás bien?"».

---

10. Entrevista a Tim Mackie y Jon Collins, *Typology,* Temporada 2, episodio 5, 30 de agosto de 2018, disponible en www.typologypodcast.com/podcast/2018/08/30/episode-s02-005/thebibleproject

11. Película que llevó por título *Intensamente* en América Latina y *Del revés* en España. *(N. del T.)*

Pero Tim estaba más que bien. Estaba cautivado por la belleza de la película y estaba «dejando que tales pérdidas y las victorias de sus vidas formaran y moldearan una mayor conciencia emocional». Y estaba experimentando esas emociones en el instante presente, no reteniéndolas para analizarlas más tarde. Éste es un paso adelante importante para la nueva historia de los Cincos.

Ideas para la nueva historia del Cinco

Experimentar la profundidad de los sentimientos en el ahora, como hizo Tim, en vez de guardárselos para después, nos lleva a la pasión del Cinco: la avaricia. Ahora bien, la avaricia para un Cinco no guarda relación con ganancia material alguna ni con intentar llevar una vida de lujo. Los Cincos no son precisamente la imagen del consumo excesivo. La avaricia, aquí, trata más bien de la conservación de los recursos emocionales, que el Cinco considera preciosos. La mayoría de los Cincos cree que sólo disponen de la energía suficiente como para ir pasando, que no es tanta energía como las de personas de otros tipos. Así, lo dosifican gota a gota, asignando un poco aquí y otro poco allí. Son, en términos generales, muy precavidos con su tiempo. También acumulan conocimientos y creen que, si consiguen adquirir suficiente de él, podrán estar a salvo.

Los Cincos con una historia nueva deberían preguntarse, «¿Cuándo hay que decir basta?». Aprenden a establecer límites cuando navegan por Internet o para llevar un proyecto a término. Por difícil que sea terminar algo, dejan de investigar y de almacenar información y, simplemente, comienzan a aplicarla y se ponen manos a la obra. En vez de meterse en la cabeza cuando les asalta un temor, se aburren o se sienten inseguros, los Cincos desarrollados encuentran la manera de emprender la acción.

Para contrarrestar la avaricia, los Cincos con una historia nueva cultivan la virtud de su tipo, que es el desapego. El desapego puede parecer una ironía en un tipo como éste, que es de por sí distante. ¿Cuánto más se retirarían entonces? Pero recuerda que la actitud distante de los Cincos está arraigada en el hecho de que se aferran a su necesidad de autosuficiencia y de tener controlado el entorno. La virtud del desapego no trata de desconectarse aún más de la gente, sino de darse cuenta de por qué deseaban aislarse para empezar. El desapego verdadero, según la profesora de eneagrama Helen Palmer, «exige que puedas acceder a todo el rango de tus sentimientos».[12] Así pues, los Cincos con una historia nueva buscan todo el rango de sus sentimientos.

Por ejemplo, los Cincos sanos encuentran la manera de conectar su hiperdesarrollada mente con su subdesarrollada conciencia corporal. Muchos de ellos encuentran en la meditación, las respiraciones, el yoga y el taichí unas herramientas valiosas que les ayudan a cruzar el abismo que creó su vieja historia y sus hábitos extracorpóreos. Otros exploran aficiones y deportes que exijan cierta armonía entre la mente y el cuerpo, como pintar, coser, tallar madera, nadar, bailar, montar en bici. Y a medida que se van haciendo presentes en el instante, ganan confianza y seguridad en sí mismos, deleitándose en la belleza y la maravilla de los detalles más pequeños que los rodean.

Los Cincos que se desarrollan en la virtud del desapego experimentan dándose a sí mismos de una manera más notable de lo que lo solían hacer. De modo que intenta ofrecerte a las personas que son importantes para ti sin otro motivo que hacerles saber que te preocupas por ellas y que valoras su relación. Llama o envía un mensaje de texto a una amistad y queda con ella para tomar algo después del trabajo o para cenar juntos esta semana. Déjale claro que no buscas nada con ello, salvo pasar un rato juntos. Confía en mí, les encantará que tomes tú la iniciativa. Por otra parte, aventúrate a salir de tu zona de confort dando una charla sobre un tema que no domines todavía, ofreciéndote voluntario para liderar un comité o presentándote a un *casting* para una producción local. Deja que otros experimenten tu verdadero yo y todo cuanto puedes ofrecerles.

Esfuérzate por experimentar tus emociones tal cual aparecen y, a lo largo del día, presta atención a lo que sientes en momentos concretos, en lugar de enviar todos los datos emocionales a tu unidad de procesamiento interno para posterior análisis. Intenta expresar tus emociones

---

12. Palmer, H.: *The Enneagram, op. cit.* p. 231.

de manera espontánea y, si fuera apropiado, compártelas con los demás.

Sé consciente de que dispones de muchas cosas que dar a los demás. Tienes de sobra.

10

La historia del Seis

Coraje para el Leal

«Descubrí que el coraje no es la ausencia de miedo, sino el triunfo
sobre el miedo. El valiente no es aquel que no siente miedo,
sino el que lo vence».

—Nelson Mandela

Cuando se cierna el desastre, vas a querer tener a tu lado a un Seis.

Los Seises están algo más que preparados para todo, pues han imaginado ya todo cuanto podría ir mal y han pensado ya en rutas de escape, planes de supervivencia y escondrijos, o habrán construido escaleras de incendios, búnkeres subterráneos y refugios para tornados mucho antes de que puedan hacerles falta. Saben hacer la maniobra de Heimlich y cómo aplicar un torniquete. Entre los Seises suele haber muchos socorristas y rescatadores, literalmente, y se sienten validados cuando consiguen aplicar alguno de los planes que habían formulado para la supervivencia.

No sabría calcular el número de Seises a los que he oído contar las historias más sorprendentes en las cuales gestionaron exitosamente alguna crisis porque estaban mentalmente, si no también físicamente, preparados para la ocasión. Recuerdo una vez que impartí un taller sobre el eneagrama en la ciudad de Nueva York en la que estuvimos discutiendo sobre el verdadero superpoder de los Seises. Una mujer levantó la mano y dijo: «Bueno, no te lo vas a creer, pero, viniendo hacia aquí, iba bajando por la calle e imaginando qué haría si un terrorista en una furgoneta se subiera por la acera. ¿Hacia dónde echaría a correr? ¿Me metería en una tienda? ¿Saldría a la calzada para apartarme de su camino?».

La mujer se preguntó también cuántas personas resultarían heridas en este hipotético ataque terrorista y qué podría hacer para ayudarlas. ¿Dónde podría ser ella más útil para el mayor número de personas? ¿Necesitaría alguien RCP? (Ella había aprendido a usarlo).

Aunque pueda parecer dramático que una persona se preocupe así por una situación improbable –¡sobre todo porque estaba aplicando resolución de problemas a una situación que no había ocurrido!–, esto es habitual en muchos Seises, que suelen prestar su ayuda a aquellas personas que se encuentran necesitadas. Se los llama los Leales debido a su profundo afán por defender la justicia, la igualdad y los valores tradicionales. Quieren saber lo que se espera de ellos y cuál sería su papel si hubiera una crisis.

Jill Phillips, una cantante y compositora de Nashville, que es un Seis, me contó que «Yo doy por hecho que la gente está pensando en mi bien, del mismo modo que yo pienso en el suyo.[1] Soy superleal, y diría que mis amistades son de larga duración [...]. Nos comprometemos con nuestras comunidades, con nuestros vecindarios y todo eso». Y tanto para Jill como para el resto de los Seises, la frase «nuestras comunidades y nuestros vecindarios» hace referencia a la comunidad *humana* al completo, no sólo a la gente de dos calles más arriba.

Al igual que Jill y que aquella participante en mi taller del eneagrama, los Seises son, en su mejor aspecto, fiables, dignos de confianza y valientes defensores de lo que es justo y bueno. Son soldados y guardianes, interrogadores y buscadores de la verdad, abogados del diablo y más desconfiados que Tomás el apóstol. Saben qué hacer en caso de

---

1. Entrevista a Jill Phillips, *Typology*, Temporada 1, episodio 10, 7 de septiembre de 2017, disponible en www.typologypodcast.com/podcast/2017/09/07/episode10/panelof6s

crisis y disponen de más planes para la supervivencia en desastres que cualquier preparacionista del Apocalipsis sumido en el ostracismo.

Sin embargo, en sus «historias del peor de los casos», los Seises no desarrollados convierten el miedo en su ídolo, un ídolo que tiene control sobre ellos, tanto activa como reactivamente. Creen que la corrupción y las conspiraciones amenazan con destruirnos a todos en cualquier momento. Siendo la lucha y la huida sus únicas opciones, estos Seises están controlados inevitablemente por su miedo y su inseguridad.

Ver: La historia original del Seis

Todos los niños pueden sentir cierto temor a ser abandonados por el padre y la madre y verse así incapacitados para sobrevivir por sí solos. Sin embargo, para los futuros Seises, este temor inconsciente se convierte en el tema central de la historia que crean para sobrevivir ante tal posibilidad, pues llegan a aceptar inconscientemente como un hecho irrefutable, y no como una opinión personal, la idea de que no podrán sobrevivir. Necesitan del paraguas de la autoridad parental para sentirse seguros y a salvo; y si no tienen ese paraguas (o no lo perciben), se sumen en el pánico. En vez de emprender la retirada a su mente, como hacen sus vecinos los Cincos, o de flotar en el optimismo hasta ir más allá del miedo como los Sietes, los pequeños Seises adoptan el enfoque directo: dan por supuesto que no pueden confiar en su propio juicio, lo cual les deja en un estado de ansiedad crónico.

Para aliviar el estrés que les causa tal creencia, los Seises se ponen a mirar a todas partes y juran lealtad a quienquiera o a cualquier cosa que crean que puede protegerlos y proporcionarles seguridad. Son leales por un motivo, al menos en un principio, estando dispuestos a aceptar cualquier fortaleza que, están convencidos, no pueden conseguir por ellos mismos. Al igual que el resto de los tipos, que crean una falsa creencia y se aferran a ella como guía narrativa, los Seises recurren al mismo razonamiento circular vicioso. Creen que no poseen la brújula interior necesaria para tomar decisiones sin el apoyo de los demás, de manera que se vuelven en todas direcciones buscando consejo, lo cual termina por confirmar las dudas que albergan respecto a su propio juicio.

Al crecer, los impresionables Seises se convierten en imanes de la ansiedad. Son rápidos a la hora de atender a las advertencias de adultos excesivamente protectores y suponen que existe alguna base real para todo peligro sensacionalista que descubren en Internet: plantas carnívoras, avispas asesinas y corrientes traicioneras en aguas tranquilas, por no mencionar los tiroteos callejeros, los perros rabiosos y los escapes de gas en los hogares (hogares justo como el suyo). Una Seis que conozco leyó un artículo hace años acerca de unas personas que se quedaron atrapadas en un túnel oscuro en el metro durante horas y, desde entonces, lleva una linternita en el bolso por si acaso. (Nota para los no Seises: no basta con la linterna del móvil, pues la batería se agota de forma alarmantemente rápida. Así pues, has de tener un plan de emergencia. Los Seises son los reyes y las reinas de los planes de emergencia).

John Mulaney, destacado cómico y antiguo guionista de *Saturday Night Live,* tiene un divertidísimo *sketch* acerca de las asambleas anuales que tenían lugar en su colegio cuando era niño.[2] El *sketch* se centra en un orador al que invitaban todos los años, un detective del departamento de policía de Chicago, que hablaba de precauciones de seguridad y vigilancia pública. Pero, como señala Mulaney, para un niño de ocho o nueve años resulta un tanto complicado procesar que puede haber secuestradores de niños pululando por las calles. Evidentemente, estamos hablando de peligros reales y hay que dar indicaciones a los pequeños para que no se confíen con los extraños y que estén atentos a las señales de advertencia que puedan indicar un inminente peligro. Pero, para los Seises –y supongo que ahí habría que incluir a Mulaney– estos mensajes no hacen otra cosa que alimentar el fuego de su ya temerosa imaginación.

Sin embargo, los pequeños Seises no conforman sus historias solamente a partir de los mensajes de adultos bien intencionados. En muchas ocasiones, lo que hacen es absorber la atmósfera tensa del hogar familiar provocada por alguno de los progenitores, cuyo comporta-

---

2. John Mulaney, audio de «Street Smarts», disponible en www.youtube.com/watch?v=bXfUsXM01UE

miento puede resultar impredecible, transmitiendo así un sutil mensaje a unos niños que lo que anhelan es seguridad y estabilidad. Como consecuencia de ello, estos niños guardan en su memoria las señales de advertencia y vigilan con atención todo tipo de conductas erráticas y situaciones amenazadoras.

Muchos Seises jóvenes no van a expresar abiertamente sus temores y preocupaciones por lo que, simplemente, se van a preparar para todo aquello que crean puede suceder. Son agudos observadores que captan las vibraciones de los demás y determinan los potenciales peligros de una situación tomando como base el modo en que los demás ven esa situación. Por ejemplo, en la piscina, observan primero a unos cuantos niños cómo saltan desde el trampolín antes de decidirse a ponerse en la cola, y están dispuestos a asumir riesgos o a enfrentarse a sus temores siempre y cuando sus pares los precedan.

Al no tener la certeza de saber enfrentarse solos ante los temores de su vida, los Seises crean una historia en la cual se imponen la necesidad de seguir unos estándares, establecidos por unas autoridades que les resulten creíbles. Valoran a las personas a las que se confía el cuidado de todos y ponen su fe en que éstas harán bien su trabajo. Escuchan con atención, y les gusta seguir a aquellos líderes que les respetan y les explican las normas, sobre todo si les explican los motivos de tales normas.

Los Seises en formación buscan a veces la seguridad en las cifras, por ejemplo, en deportes de equipo o en grupos cerrados de pares que den la apariencia de ofrecer seguridad y orden. Pero al no confiar en su propia brújula interior, no son proclives a asumir riesgos, lo cual es una pena porque lanzarse de cuando en cuando antes de mirar podría darles la seguridad en sí mismos que tan desesperadamente necesitan.

Sin embargo, en cuanto se percatan de que no todos los adultos y las autoridades son dignos de confianza, los jóvenes Seises se sumen en un conflicto; pues, por mucho que quieran creer en el poder de aquellos que están encargados de servirles y protegerlos, ya no podrán desprenderse de la incertidumbre. En la medida en que haya personas en las que no se pueda confiar, ya no podrán confiar en nadie, pues cualquier persona podría traicionarlos o abandonarlos a su suerte.

La idea de que, en última instancia, no se puede confiar en nadie puede exacerbar la postura de los Seises ante los peligros de la vida; y en tanto que muchos van a sentir cierta aprensión ante las múltiples posibilidades de resultar dañados, otros reaccionarán y se irán al extremo opuesto, desestimando los potenciales temores o demostrando activamente su dominio sobre ellos. El primer grupo suele recibir el nombre de Seises *fóbicos,* y los últimos serían los Seises *contrafóbicos.* Las situaciones que evitan los Seises fóbicos pueden ser las mismas que buscan temeraria y apasionadamente sus pares contrafóbicos. Éstos todavía creen su historia de que el mundo es tan peligroso que cada día podría ser como un episodio de la serie de televisión *24,* pero los Seises contrafóbicos se entrenan para ser el protagonista de la serie, Jack Bauer, y superar el reto, dispuestos a ir contra las autoridades convencionales que representan las amenazas potenciales.

Los Seises se hallan en un continuo entre lo fóbico y lo contrafóbico. Crean una historia a temprana edad en la que combinan ambos enfoques y pasan de uno a otro como en una partida de pimpón, dependiendo de la situación. Por la mañana pueden estar aclamando a su jefe y creyendo que todo es magnífico en el trabajo y esa misma tarde pueden caer en la ansiedad pensando que los robots los van a dejar sin empleo. En el núcleo de su narrativa, los Seises se comprometen a ser la pareja de baile del miedo, a veces llevando el paso y otras veces dejándose llevar.

Los Seises lo cuestionan todo constantemente, tanto a sí mismos como a los demás. Pero les iría bien cuestionar sus viejas ideas y las creencias erróneas que los mantienen atascados en la vieja historia. Para vivir en una historia grande y hermosa, los Seises tendrán que reexaminar y desenmascarar sus viejas ideas, como:

- Tendré seguridad si me preparo para lo peor.
- Si me preocupo lo suficiente y planeo cuanto haga falta, todo terminará bien.
- No es fácil no dudar y confiar en la gente, cuando tantas personas tienen intenciones ocultas.
- Puedo confiar en mí mismo a la hora de tomar buenas decisiones.

- Siempre estaré lleno de dudas y preocupaciones.
- No me voy a sentir seguro a menos que haya algo o alguien aparte de mí en quien pueda confiar y a quien pueda ser leal.

La historia que los Seises se cuentan a sí mismos no es la historia que Dios cuenta, de manera que si permanecen ocultas y sin ser cuestionadas, esas creencias erróneas no harán otra cosa que eternizar la vieja historia. La frase «no temáis» aparece 365 veces en las Escrituras. Los Seises que quieran vivir una historia mejor y más auténtica tendrán que salir a la superficie y apretar los tornillos a sus suposiciones inconscientes: «¿Acaso Dios quiere que crea que estoy solo e indefenso en un mundo caótico e incierto? ¿Me dice Dios que esté ansioso por todo? ¿Quiere que crea que mi protección sólo depende de mí?». Los Seises que quieren hacer la transición desde su vieja historia a la nueva tendrán que responder a estas preguntas (y otras como ésas) con un «¡No, caramba!» a voz en grito. (No pasa nada, a Dios no le importará).

Asumir como propio: Las fortalezas y las sombras del Seis

Uno de mis Seises favoritos es Sarah Thebarge, una profesional de la medicina formada en Yale, conferenciante internacional, escritora y persona de gran humanidad. Cuando saqué a colación los patrones fóbicos, ella me confirmó la tendencia de los Seises a anticipar desastres y prepararse para ellos. «No puedo ir a ninguna parte sin saber dónde están las salidas de emergencia –comentó–.[3] Cuando voy en avión, como me ocurría cuando iba entre la universidad en la Costa Este y Los Ángeles, no bebía nada con hielo ni comía nada durante las seis horas de vuelo porque había hecho los cálculos. Si te atragantas, si tus vías respiratorias se ocluyen… no podrían aterrizar a tiempo». De modo que Sarah llegaba a Los Ángeles «realmente hambrienta y sedienta, ¡pero, al menos, no corría el riesgo de morir ahogada!».

---

3. Entrevista a Sarah Thebarge, *Typology*, temporada 1, episodio 35, 15 de marzo de 2018, disponible en www.typologypodcast.com/podcast/2018/15/03/episode35/sarahthebarge

Sarah señaló también otra ventaja de la ansiedad crónica que padecen la mayoría de los Seises. «Una de las mejores cosas que he leído acerca de los Seises es que tenemos tanto miedo y ansiedad a todas horas por causa de pequeñas cosas que, cuando dejan de ser pequeñas, los Seises suelen ser los más valientes y los que más dispuestos están a lanzarse de cabeza. Nos pasamos los días superando miedos, de modo que, cuando llega el momento de poner los músculos en acción y hacer algo bueno, estamos listos».

Dependiendo de lo desarrollados que estén en la gestión de sus miedos, los Seises pueden ser grandes líderes, eficaces negociadores en situaciones críticas y buenos socorristas. Mientras que otros tipos pueden verse sorprendidos por un inesperado giro de los acontecimientos, la mayoría de los Seises dan por supuesto que algo irá mal y hacen los planes oportunos de antemano. De modo que es bueno que haya más Seises que ningún otro tipo en el eneagrama, lo cual podría ser un reflejo de la universalidad de los miedos en todos los seres humanos.

Obviamente, cuando los Seises se aferran a su vieja historia, pueden entrar en parálisis debido a los intrincados sistemas de alarma que tienen que mantener. Si se aferran al viejo guion, forcejean por ver más allá de una existencia temerosa debido a los peligros inherentes de la vida, que son ineludibles y están siempre presentes, ahora más que nunca. He comentado en muchas ocasiones que nuestro mundo actual parece más peligroso y volátil que nunca, en parte como consecuencia de la inmediatez de los medios de comunicación social, la conectividad *online* y el consiguiente flujo incesante de noticias. Estos factores no hacen más que intensificar el volumen de ansiedad ambiental que los Seises reciben a diario.

Mientras escribía este libro, varios acontecimientos nos han llevado a todos a sentirnos como Seises, principalmente la pandemia de la COVID-19 y los potenciales perjuicios colaterales de las cuarentenas, la progresiva escasez de recursos y la recesión económica. Durante meses, la gente se refugió en sus casas, atesoró papel higiénico, vio cómo la cuenta de muertes se incrementaba dramáticamente y fue presa del pánico cada vez que sentía el más mínimo cosquilleo en la garganta. La cobertura informativa se convirtió en un campo de minas político, agravado por la falta de conocimientos científicos acerca del novedoso coronavirus. Aquel mismo año, Estados Unidos se enfrentó a otro tipo de pandemia, cuando el racismo sistémico se encontró con la brutalidad policial. Las protestas se prolongaron durante semanas, salpicadas por disturbios ocasionales, saqueos, contraprotestas y grandilocuencia política. Después tuvimos unas elecciones enormemente polarizadas, con un presidente de Estados Unidos que hacía alegaciones infundadas de fraude electoral e incitando a la toma violenta del Capitolio en Washington.

Dicho de otro modo, ¿quién demonios no iba a estar asustado?

Sin embargo, soy consciente de que, para los Seises, la pandemia y el malestar social despojaron a la sociedad de todo barniz de control y estabilidad. Algunos de ellos me dijeron que, por vez primera en su vida, la realidad vivida fue peor de lo que hubieran podido imaginar previamente. Muchos sufrieron de una ansiedad elevada y se hundieron en las profundidades de la depresión antes que el resto de los mortales. Y, aunque casi todo el mundo sufrió de ansiedad y depresión, los Seises se sintieron además desesperanzados e indefensos. Si habían soportado algún trauma en su infancia, la pandemia se convirtió para ellos en una desencadenante de antiguos recuerdos.

En el otro extremo, si no marginados por un miedo sin precedentes, los Seises se volcaron como nunca antes en una actividad frenética, negándose a reconocer el terror que acechaba en su imaginación mediante una especie de bravuconada contrafóbica. Muchos de ellos eran esos vecinos que viste construyendo terrazas nuevas, llevando alimentos a ancianos y personas en situación de riesgo o cosiendo mascarillas para sus seres queridos. Y por mucho que trabajaran, en ningún momento tuvieron la sensación de estar del todo preparados.

Aferrados obcecadamente a su vieja historia, los Seises sintieron no tener otra opción que sucumbir al miedo.

Despertar: Determinar el precio

Si los Seises se niegan a crear una nueva historia, terminan pagando un alto precio. La ansiedad crónica suele llevar al agotamiento en todos los niveles. La salud física sufre debido a que el cuerpo lleva ciertamente la cuenta, como nos recuerda un libro contemporáneo que es un clásico de los traumas.[4] El estrés, la fatiga y un sistema inmunitario comprometido crean el escenario perfecto para multitud de enfermedades y disfunciones. Y, por desgracia, el diagnóstico de los resultados no hace otra cosa que intensificar las causas, al generar más ansiedad y angustia.

Las relaciones íntimas pueden ser difíciles para un Seis con un sufrimiento sustentado en una vieja historia. En su lealtad, desean fervientemente comprometerse con aquellas personas en las que confían y de las que dependen. Pero, junto con el deseo, dudan inconscientemente de si su pareja estará tan comprometida en la relación como lo están ellos. Sus inseguridades los llevan a preguntarse por qué sus parejas iban a querer estar con ellos o por qué querrían comprometerse en una relación a largo plazo. Quedan cautivos en lo que mi invitada en *Typology*, Francie Likis, describe como el conflicto interno de ser un Seis: «Para mí es difícil tomar una decisión importante, pero no quiero que la tomes tú por mí. ¿Entiendes? Temo que vayas a dejarme, pero no quiero depender de ti. De manera que es una especie de tira y afloja».[5]

Los Seises que están dispuestos a vivir en una nueva historia comienzan por tomar conciencia de que la mayoría de sus temores no se materializan en la realidad. ¿Estáis escuchando, Seises? La inmensa mayoría de las cosas que os rondan por la cabeza nunca llegan a suceder.

La cantante y compositora Jill Phillips lo resumió a la perfección cuando regresó a *Typology* para una entrevista que le hice a ella sola.[6] «Todas las cosas terribles que me han sucedido en la vida, nunca las vi venir», dijo, mientras que todas las cosas terribles cuya posibilidad llegó

4. Van der Kolk, B.: *The Body Keeps the Score: Brain, Mind, and Body in the Healing of Trauma*. Penguin Books, Nueva York, 2014. (Trad. cast.: *El cuerpo lleva la cuenta: Cerebro, mente y cuerpo en la superación del trauma*, 3.ª ed. Editorial Eleftheria, Sitges, Barcelona, 2020).

5. Entrevista a Francie Likis, *Typology*, temporada 1, episodio 10, 7 de septiembre de 2017, disponible en www.typologypodcast.com/podcast/2017/09/07/episode10/panelof6s

6. Entrevista a Jill Phillips, *Typology*, temporada 3, episodio 30, 20 de febrero de 2020, disponible en www.typologypodcast.com/podcast/2020/06/episode-/jill-phillips

a imaginar, nunca tuvieron lugar. Y lo que ha aprendido de todo esto con el transcurso de los años es a tener fe.

«Ocurrió algo y no lo vi venir, y sin embargo Dios fue fiel, y lo superé a pesar de mis debilidades y mis temores. La suma de estas experiencias me ha hecho una persona distinta».

La mayoría de los Seises reconoce con el tiempo que tienen que desarrollar planes de bienestar y estrategias de adaptación para disfrutar de su vida. Se dan cuenta del efecto que sus mensajes contradictorios tienen sobre los demás e intentan resistirse a ello, así como comunicar lo que sienten cuando lo sienten. En cuanto se comprometen con el esfuerzo que todo esto supone y descartan la historia que una vez sintieron como su único salvavidas, los Seises florecen en la vida con una belleza sin par en cualquier otro tipo.

Reescribir: Elabora tu nueva historia

Muchos Seises reconocen que enfrentarse a sus temores con el fin de cambiar su historia hizo que las cosas empeoraran antes de mejorar. Pero, en ocasiones, ver hacerse realidad los peores sueños puede tener un efecto liberador. Ése fue el caso con otra de mis invitadas en un panel de Seises, Leslie Jordan,[7] a quien le llevó un año de pérdidas y lamentos similar al que pasó el santo Job hasta llegar a un punto de claridad y transformación.

«El año 2016 fue para mí la materialización de toda una vida de miedos», comentó. El año comenzó con un aborto involuntario a las seis semanas de gestación, y terminó con una operación quirúrgica para determinar si tenía un cáncer de tiroides. Y, entre una cosa y otra, sobrellevó el caos de algunos cambios de liderazgo en el trabajo y un drama familiar en casa. «Todo en mi vida se volvió turbulento e inseguro. Hubo días en que terminé literalmente de espaldas en el suelo».

---

7. Entrevista a Leslie Jordan, *Typology,* temporada 1, episodio 10, 7 de septiembre de 2017, disponible en www.typologypodcast.com/podcast/2017/09/07/episode10/panelof6s

En aquellos momentos, tuvo la sensación de que no iba a poder levantarse, que sus peores temores se habían hecho realidad.

Entonces empezó a recomponerse, pensando en cuánto poder y autoridad había concedido durante tanto tiempo a sus peores hipótesis. Comenzó a cuestionar la forma en la que solía ver a su marido, a la Iglesia o a otras personas para que la hicieran sentirse segura. Echando la vista atrás, se da cuenta de que aquel año recibió un regalo en medio de tan terribles sucesos: se dio cuenta de que, a través de todo aquello, la única autoridad y fidelidad que necesitaba era Dios. También tomó conciencia de su propia fortaleza, de que fue capaz de sobrevivir a uno de sus peores escenarios. «No perdí la fe y no me perdí a mí misma en el proceso», dijo asombrada. Lo peor había ocurrido, y resultó que ella era lo suficientemente fuerte.

Por dolorosos que fueran entonces aquellos acontecimientos, Leslie tomó la decisión de no permitir que su vieja historia la mantuviera en el suelo. Descubrió una fortaleza y una resiliencia que no creía poseer, hasta que se vio despojada del resto de sus recursos. El relato de Leslie encapsula el viaje sagrado de la pasión del Seis, que es —¡lo adivinaste!— el miedo, hasta la virtud del Seis, el coraje. Ella hizo acopio de coraje para enfrentarse al miedo por sí sola, sin apoyarse en ninguna figura de autoridad externa que le dijera qué tenía que hacer, y descubrió que había sido capaz de sobrevivir al peor escenario. Podía atreverse a confiar en sí misma.

El coraje es la clave de los Seises que están listos para cambiar su vieja historia. De hecho, Sarah Thebarge compartió con nosotros una brillante diferenciación que estableció ella y que le ayudó a superar sus miedos.

Como profesional de la medicina que viaja por todo el mundo (con frecuencia a regiones subdesarrolladas y deprimidas por la guerra y la pobreza) con el fin de proveer tratamientos, medicinas y medidas preventivas, Sarah no sólo tiene que soportar angustiosos y maratonianos vuelos internacionales, sino también variables desconocidas que, sin duda, van a trastocar sus planes una vez que aterrice. Pero también como superviviente de un cáncer, Sarah ha tenido que mirar a sus demonios fijamente a los ojos. Sarah tuvo una revelación hace algunos años. «Cada vez que me preparo para esos viajes internacionales, o que

tengo que ir a lugares peligrosos, la gente me dice, "¡Eres muy valiente!"».
Eso la molestaba, lo de la palabra «valiente», y empezó a preguntarse en
que se diferenciaba esa palabra de la palabra «coraje». Así que, como
empollona de la lengua que es, decidió buscar la diferencia, y descubrió
que ser valiente «es cuando no tienes miedo, de manera que asumes
grandes riesgos y haces cosas peligrosas. Pero tener coraje es cuando
estás muerta de miedo, pero decides hacerlo de todas formas porque
hay algo más importante en juego».

Sorprendente, ¿no? Ahí, justo ahí, se hallaría la definición de lo que
el *agere contra* sería para los Seises: optar por la virtud del coraje cuando
tu constitución natural está configurada para el miedo. Sarah redefinió
el coraje de una manera brillante, una manera que todos los Seises deberían apreciar. «Yo no soy valiente –dijo–. Lo que me lleva a esos sitios
es el coraje. Estoy optando por algo que me importa más que estar a
salvo y segura. Esas personas que están sufriendo importan más para mí
que mi propia vida».

Este tipo de coraje es lo que hace tan especiales a los Seises desarrollados. Podemos ver su titubeante formación en escenas tan icónicas
como la de Tomás dudando que Cristo había resucitado, hasta que lo
veía por sí mismo, o como la de Hamlet preguntándose si realmente
había visto el fantasma de su padre en las almenas del castillo de Elsi-
nore. En la literatura y la teología, en la política y el activismo social,
en la música y las películas, en las crónicas y la sátira, los Seises muestran los miedos que todos tenemos y nos ayudan a manejarlos precisamente porque los conocen en lo más íntimo.

Los Seises que están reescribiendo su historia también pueden sentirse inspirados viendo el regalo que sus puntos fuertes suponen para el
mundo, pues su característica lealtad es asombrosa.

En una ocasión conocí a una monja y activista social católica que se
identificaba como un Seis, y era perfectamente consciente de cómo los
puntos fuertes de su tipo de personalidad le habían ayudado a mantenerse firme como miembro de su comunidad religiosa.

«Formo parte de una Iglesia que está confusa y se siente amenazada
por las mujeres –me dijo–. La gente me pregunta, "¿Por qué no dejas la
Iglesia Católica? Podrías unirte a la Iglesia episcopal y entrar en una de
sus órdenes religiosas. Incluso podrían ordenarte para el sacerdocio si te

sientes llamada a ello"». Pero ella decidió, en cambio, que «En vez de abandonar mi tradición, he optado por seguir con mi familia de fe para traer el cambio desde dentro».

Esta mujer estaba manifestando su coraje al permanecer donde se encontraba, aun siendo consciente de que su Iglesia quizás no reconozca jamás los dones de las mujeres en lo que le queda de vida. Éste es el extraordinario tipo de lealtad que los Seises depositan de forma rutinaria en personas o instituciones.

Ideas para la nueva historia del Seis

Los Seises con una nueva historia se desenvuelven con una mayor confianza en sí mismos porque han soportado su noche oscura del alma las veces suficientes como para saber que la luz vuelve con la llegada del nuevo día. Descubren que ya no necesitan a nadie más que los proteja ni que les proporcione un sustento de autoridad. Y, al igual que Sarah y otros Seises desarrollados, encuentran una causa mayor que sus miedos, una causa que los libera de su viejo guion.

Si eres un Seis, prueba a poner límites con las fuentes de información a las que recurres a diario, sobre todo a las noticias donde se cuentan historias con los peores escenarios posibles. Piensa que toda información o entretenimiento que te puedan proporcionar no puede compensar el precio de tener que guardar para siempre en tu conciencia esos sonidos, imágenes y detalles.

Y, cuando gestiones tus miedos, establece la diferencia entre el miedo real vinculado a una causa clara, en el instante, de la ansiedad crónica e inespecífica que experimentas la mayor parte de los días. Condiciónate para reducir la ansiedad ambiental a diario y para reconocer la realidad de los miedos legítimos que puedan requerir acciones decisivas. Y, para tomar conciencia de estos patrones en tu vida, dedica algún tiempo de forma regular (una vez a la semana, si no diariamente) a plasmar en tu diario las preocupaciones y los miedos que te asaltan con más frecuencia.

Detalla tus inseguridades y tus peores resultados posibles. Pero asegúrate de terminar haciendo una lista de aquellas veces en que soportaste situaciones inesperadas muy duras, en que te impusiste contra todo pronóstico y perseveraste hasta vencer tus temores. Y no olvides incluir aquellas veces en que tus preparativos previnieron problemas o te permitieron gestionar sorpresas desagradables.

Piensa con detenimiento en el poder que cedes a los demás. ¿En quién confías más o a quién buscas para tranquilizarte cuanto tienes que tomar decisiones? ¿Contra qué fuentes o figuras de autoridad tiendes a reaccionar de manera inmediata, y por qué? El cultivo de la virtud del coraje significa, en parte, que aprendas a confiar en ti mismo, lo cual supone consentirte errores o desperdiciar oportunidades a medida que ganas confianza. No siempre vas a tomar decisiones perfectas. Lo importante es que sean tus decisiones.

Por último, involúcrate con tu comunidad. Uno de tus mayores dones es la estabilidad y la lealtad que aportas a las personas que te rodean. Y encontrar buenas causas que apoyar no es difícil para un Seis transformado.

A medida que vayas ganando fuerza, que confíes más en ti y estés más dispuesto a asumir riesgos con coraje, te convertirás en guardián de todos aquellos que necesiten protección, en una especie de socorrista para la humanidad. Katie Williams (una diseñadora de interiores de Nashville, que estuvo en nuestro pódcast con un grupo de mujeres, todas ellas amigas mías) resumió el latido de los Seises liberados mejor que nadie que yo haya conocido cuando dijo que todos estábamos llamados a dejar de lado nuestras diferencias. Ésa es la esencia del Evangelio para ella, que estamos todos juntos en el mismo barco, unidos. No importa el color, la edad, las diferencias de cualquier tipo, sea en vecindarios, ciudades, países, el mundo, «el ver a todas esas personas ayudándose unas a otras hace que mi corazón se eleve […]. De eso va todo».

Durante estos tiempos en que lo inimaginable ocurre a diario y lo inesperado es la única constante, los Seises puede que se enfrenten a instantes cruciales con más frecuencia que los demás tipos. Su vieja historia de los horrores ya no funciona, porque la realidad ha superado a la ficción. De modo que tienen la oportunidad de crear una nueva epopeya, un relato heroico de superación de adversidades y de triunfo sobre las viejas restricciones autoimpuestas. Los Seises pueden ser luchadores de las libertades, sin huir del miedo y sin reaccionar contra él, sino reconociendo el miedo con un saludable respeto, al tiempo que dan un paso adelante para hacer lo que haya que hacer.

Porque los Seises saben que todo es una cuestión de coraje, y no tanto de valentía.

11

La historia del Siete

Profundidad para el Entusiasta

«Enfréntate a tu vida, a su dolor, a su placer, y no dejes camino sin recorrer».

—Neil Gaiman

«Él se quiere ir a un monasterio, y yo me quiero ir de carnaval».

Con una sencilla, aunque brillante, observación, Shauna Niequist reveló mucho de lo que significa ser un Siete en el eneagrama. Ella y su marido, Aaron, son autores de superventas con ideas innovadoras, además de ser amigos míos desde hace mucho tiempo. También son unos grandes aficionados al eneagrama, de modo que, cuando estuvieron dispuestos a intercambiar historias, me encantó descubrir las dinámicas de su relación, sobre todo porque Aaron es un Cuatro, como yo.[1]

Desde que los conocí, su relación me ha proporcionado materiales para el estudio sobre los contrastes entre estilos. Shauna y Aaron trabajaban juntos, habiendo comenzado su primer empleo después de la

---

1. Entrevista a Shauna y Aaron Niequist, *Typology,* temporada 1, episodio 13, 28 de septiembre de 2017, disponible en www.typologypodcast.com/podcast/2017/09/28/episode13/shaunaaaronniequist

universidad el mismo día. Una iglesia grande los contrató y «llevábamos un horario estudiantil totalmente enloquecido», comentó Shauna. Desde el primer momento tuvieron claro lo diferentes que eran. «En nuestro equipo se burlaban de nosotros en las reuniones diciéndonos que éramos las personas más opuestas del mundo; pues, en todas las reuniones, si había dos opciones, yo elegía la A y él elegía la B en todas y cada una de las ocasiones».

Siendo un romántico, Aaron no se desanimó por el hecho de tener puntos de vista opuestos, y admite que aquello quizás influyó en su atracción por Shauna, que era «aquella chica bonita». Al final, la invitó a salir un sábado por la noche, y ella aceptó. Días después, el viernes, al término de la jornada laboral, Aaron le dijo que la recogería por la mañana. «Y ella me dijo, "¡Claro! He invitado también a Brian para que venga con nosotros"». Allí estaba él pensando que podrían conectar y pasar un buen rato juntos, a solas, y ella ni siquiera se dio cuenta de que era una propuesta de cita y supuso que cuantos más, mejor.

Obviamente, con el tiempo empezaron a salir juntos sin que otros los acompañaran, pero sus estilos de personalidad, tan distintos, y sus diferentes expectativas los estuvieron acompañando hasta el matrimonio. Aaron y Shauna comentaron cómo había reaccionado cada uno de ellos ante un fin de semana no planeado en el puente del Día del Trabajo. Después de una época muy ajetreada de viajes, conferencias y trabajo, Aaron estaba necesitando un poco de reposo, y lo único que deseaba era relajarse, estar solo y componer una canción o hacer algo creativo. Shauna, por su parte, dijo, «Me gusta navegar con un montón de gente. Ir a algún sitio donde haya sandía, y quizás queso y galletas, y música. Yo quería tomar el Sol y pasar un fin de semana salvaje, ajetreado y ventoso, divertido y en familia».

Eso terminaría siendo lo del monasterio y el carnaval.

La preferencia de Shauna es, directamente, la de un Siete. Los Sietes parece que hayan nacido con cafeína en la sangre. Entran en el salón con tal exuberancia que hace que todo el mundo se gire. Sus ojos centellean y sus labios insinúan la sonrisa que están a punto de regalarte. Los Sietes son los flautistas de Hamelín y los cuentacuentos, los representantes de ventas y de programas de autoayuda, que saben lo que necesitas antes que tú y te hacen sentir honrado por comprárselo. La historia que se cuentan a sí mismos se podría titular *Al final del arcoíris… hay un caldero con más arcoíris (y un unicornio azul)*.

No es de extrañar, por tanto, que todo el mundo adore a los Sietes, yo incluido. Aunque sé que los Sietes no lo tienen todo hecho y que ningún tipo del eneagrama es mejor que otro, me sigue encantando la forma en que le sacan partido a su alegría. Sin duda, el humor irreverente lo inventó un Siete, así como los relatos de viajes, las vacaciones de aventura y el poder del pensamiento positivo.

Mi hijo, Aidan, es la quintaesencia del Siete. Tiene 24 años, pero sigue callejeando por el mundo con los ojos desorbitados, riendo como un bebé que acabara de descubrirse los dedos de los pies.

Pero cuando Aidan comenzó a forcejear con las inevitables y complejas realidades de la vida adulta fue cuando pude ver de cerca el precio que los Sietes tienen que pagar por ir siempre saltando y brincando por la vida. Sus problemas me ofrecieron una imagen en alta resolución de la defectuosa historia que, como cualquier otro tipo del eneagrama, tienen los Sietes, una historia que con el tiempo se cae a pedazos. Su positividad, a menudo desquiciada, tiene un precio que no van a poder pagar en tanto no se enfrenten a sus pérdidas.

Nadie puede inventar optimismo constantemente sin sacrificar una parte de su humanidad. Los retos de la vida son inevitables, y dan lugar a épocas de pérdidas, decepciones y heridas. El hecho de que no se reconozcan ni se asuman no significa que uno haya esquivado los golpes de la vida. Los Sietes prefieren sufrir en privado antes que permitir que los demás vean cómo sangran, sobre todo verlo ellos mismos. Y para que se produzca la sanación será necesario pasar por una temporada de dolor, para luego curar heridas y permitir que la piel cicatrice. Los seres humanos necesitan experimentar toda la gama de sus emociones sin quedarse atascados en una parte de ellas ni ignorar la otra mitad.

Ver: La historia original del Siete

Es difícil saber cuál es en verdad la historia original del Siete. Los Sietes ponen tantos filtros de color rosa en todo, incluida su infancia, que resulta complicado separar los hechos de la ficción sin comprobarlo todo antes con otros miembros de la familia. Pero los Sietes no son mentirosos compulsivos; simplemente es que tienen una memoria selectiva. Muchos dicen haber disfrutado de una infancia idílica en un vecindario seguro y con unos progenitores cariñosos, con un perro golden retriever y amigos cercanos con los que construían casas en los árboles, disfrutaban en la piscina local y construían recuerdos para toda la vida; o, al menos, hasta el siguiente curso escolar. Si se los presiona, los Sietes pueden llegar a reconocer grietas en sus historias mejoradas con Photoshop, y poner una vaga sonrisa al hablar de los problemas económicos de la familia, de unos progenitores ausentes, de rivalidades entre hermanos y de olvidarse del fútbol para hacer una banda musical en el garaje, que se disolvió a los dos meses cuando se metieron en el Club Francés para ir a París durante las vacaciones de primavera. Incluso, cuando corrigen detalles o afinan recuerdos borrosos de su infancia, la mayoría de los Sietes siguen embelleciendo sus recuerdos con el fin de deleitar a su audiencia.

Cuando las historias de infancia se cuentan con el estilo maníaco de un Robin Williams, terminan convirtiéndose en material de repertorio para un Siete. Los hechos desgarradores están tan recubiertos de observaciones risueñas y de humor, que las únicas lágrimas que evocan son de risa, y no de llanto. No obstante, lo que hay que tener en cuenta es que, en su origen, los Sietes utilizaron su inteligencia y su ingenio para protegerse de la dolorosa verdad. Si conseguían reírse de ello, si eran capaces de entretener a los demás miembros de la familia ingeniándose un relato acerca de ello y de repetirlo las veces suficientes, entonces lo ocurrido, fuera lo que fuera, no sería tan malo después de todo. En resumen, los Sietes se niegan a saber lo que saben.

Los Sietes se cuentan inconscientemente a sí mismos que no tuvieron más remedio que discernir una manera de evitar los desagradables sufrimientos emocionales y psicológicos que estaban fuera de su control. El resplandor de mirar siempre el lado positivo de las cosas los cegaba ante las duras realidades que se empeñaban en evitar. Siempre que me he encontrado en dificultades emocionales y he hablado con un Siete, se muestran desconcertados y se preguntan por qué sigo con un estado de ánimo tan bajo. Y si no consiguen sacarme del hoyo, se frustran y ya no quieren estar conmigo. Es como si el dolor de los demás les recordara que ese mismo abismo oscuro los aguarda en algún lugar de su interior.

Probablemente, la gravedad de los sucesos dolorosos vividos sería variable, pero los jóvenes Sietes los agrupaban todos. Es como si pensaran que si una punzada de dolor puede derivar en un dolor más agudo y, con el tiempo, en una molestia crónica, será mejor evitar por completo esa pendiente resbaladiza. La historia que los Sietes comienzan a gestar se centra en la misma reacción de miedo con la que se encuentran sus compañeros de tríada, los Cincos y los Seises. Al igual que en estos dos tipos, los Sietes probablemente tejieron su relato cuando alguna dinámica familiar se desvió del rumbo. Quizás fuera el divorcio de los progenitores, la adicción de papá o mamá, una mudanza súbita e inesperada, o las necesidades especiales de un hermano enfermo.

Y viendo que no conseguían lo que necesitaban, los Sietes asumieron la autoría de su propia narrativa con una feroz determinación, todo ello con el fin de nutrirse y tranquilizarse. Crearon el primer relato de «elige tu final», quedándose con los finales de «y fueron felices» y todo cuanto tuvieron que creerse para llegar hasta ahí. Si sus progenitores u otros cuidadores no podían proporcionarles lo que necesitaban, los Sietes lo encontraban en nuevas aventuras, en intereses y aficiones especiales, en ideas y conversaciones fascinantes, y en amistades afines. Con su mente distraída rebotando de persona en persona y de cosa en cosa, los jóvenes Sietes se contaron que toda privación se podría superar merced a una distracción positiva. Independientemente de cuál fuera la tragedia o el drama que los acosara, se decían a sí mismos que podían convertir su historia en una comedia, una farsa, una aventura épica o un cuento de hadas. Y mediante fuerza de voluntad pura, y con la fuerza creadora de su imaginación, los Sietes transformaron una narrativa como la de la película *Inocencia interrumpida* en la de *La princesa prometida*.

Sin embargo, el viejo adagio es cierto. Si no vives tu historia, tu historia te vivirá a ti. Los Sietes sólo pueden posponer las secciones dolorosas de su vida, hasta que éstas se convierten en la fuente de la triste historia que tanto se esforzaron por evitar.

La lista de creencias erróneas que impiden a los Sietes entrar plenamente en su nueva historia es ciertamente larga:

- No puedo soportar el aburrimiento, ni sentirme atrapado, encerrado en una rutina o con miedo a perderme algo.
- Debo tener múltiples opciones de escape.
- Si quedo atrapado en sentimientos de dolor o privación, nunca encontraré la salida.
- No puedo depender de nadie para nada, sobre todo para darme apoyo cuando sufro por algo.
- No se me debería imponer limitaciones ni restricciones.
- Ser encantador es la primera línea de defensa.
- No se puede confiar en nadie para satisfacerme. Estoy solo.
- Lo que de verdad quiero no se puede encontrar en este momento, ni tampoco dentro de mí; siempre estará fuera y en el futuro.

Estas creencias falsas impiden que los Sietes entren en la Gran Historia de Dios. Para ellos es difícil escuchar que tenemos un Dios que se abre al sufrimiento, que Jesús es el Siervo Sufriente, que cuanto más evitamos el dolor, menos nos asemejamos a él. Pero, para los Sietes, el hecho de saber que tenemos a alguien del cual depender en momentos de necesidad, que estará con nosotros cuando tengamos que caminar contra viento y marea, sin sortearlos, es una verdad que puede salvarles la vida.

Asumir como propio: Las fortalezas y las sombras del Siete

Con su insaciable apetito y su pasión por la vida, los Sietes están en posesión de un arsenal de fortalezas para la supervivencia. Suelen verse como catalizadores, como aquellos que inyectan entusiasmo en cualquier aventura. Y los demás gravitan hacia ellos merced a su don, que les permite replantear lo negativo como positivo. Hace unos cuantos años, fui a visitar a mi amigo Bob Goff, un Siete de eneagrama (con ala Siete), a su casa, en primera línea de la costa en San Diego. Una tarde, mientras estábamos en el muelle bajo su casa, disfrutando en silencio del ocaso, Bob me dijo de pronto: «Ya sabes, Ian, si yo viera un tiburón alguna vez, me diría que es un delfín con dientes. Me entiendes, ¿verdad?».

Al entrar en la adolescencia, los Sietes se convierten en el centro de atención de sus pares, así como de los adultos, profesores, entrenadores, cazatalentos y directores de *castings*. A menudo poseen el aplomo y la calidad estelar necesarios para convertirse en líderes naturales, tanto en el terreno deportivo como sobre las tablas de un teatro o en los escenarios musicales. Los demás quieren ser ellos y estar con ellos, sabiendo que los Sietes, como mínimo, convertirán el aburrimiento en bullicio. E incluso recién llegados a una ciudad, los Sietes siempre sabrán dónde se encuentran las fiestas o, al menos, serán capaces de montar una fiesta en cualquier parte y en cualquier momento. Su inteligencia, ingenio y curiosidad tienen un poder magnético tal que hacen que los demás se suban al carro sin necesidad de saber cuál es el destino.

Los Sietes son espontáneos, atrevidos e innovadores a la hora de convertirse en el centro de atención, cosa que frecuentemente los lleva al éxito en el acelerado mundo de las redes sociales, las relaciones públicas y el comercio. Y debido al hecho de que evitan las limitaciones y el pesimismo, los Sietes suelen salir con puntos de vista singulares y soluciones que al resto se les habían pasado por alto. Son maestros en sacar resquicios de esperanza de las cavernas más profundas y oscuras del dolor y la decepción, y se niegan a ver valor alguno en el poder del pesar y el lamento.

En cambio, a los Sietes les encanta enfrentarse a cosas que a los demás les deprimen, los aburren o debilitan, y les dan la vuelta hasta que encuentran el polo opuesto. Saben que obrar este tipo de magia obliga a la gente a ver el tema, así como a aquel que lanza el hechizo, de una manera diferente. Son esos cómicos de alto nivel que convierten la lista de ingredientes de una caja de cereales en un *sketch* con el que te partes de risa. Son los gestores que miran bajo la alfombra del descenso de ventas para encontrar el motivo, y luego lanzan un nuevo producto. Son los profesores de Lengua que convierten el aprendizaje en diversión al comparar jergas, modismos y palabrotas mientras deslizan astutamente enseñanzas sobre el uso de las palabras, la pronunciación y la gramática.

Yo he visto tal creatividad en funcionamiento cuando el otrora pastor Rob Bell puso en marcha su primera iglesia en los inicios de su carrera. En vez de ir sobre seguro y buscar en los inspiradores pasajes evangélicos del Nuevo Testamento o en las testadas historias del Antiguo Testamento que se contaban en la escuela dominical, Rob puso en marcha un estudio del Levítico en el salón de su casa con un pequeño grupo de fieles.[2] Pues, bien, yo no sabría describirte este libro, el tercero de la Biblia, si no estás familiarizado con él, salvo decirte que no es precisamente un libro al que muchos lectores acudirían en busca de consuelo espiritual. Estaría cometiendo una terrible injusticia si dijera que el Levítico es el equivalente bíblico del manual de instrucciones del mando a distancia de tu nuevo televisor de pantalla plana, pero existen ciertos paralelismos. Básicamente, se trata de un libro de normas y rituales para el mantenimiento de los principios religiosos, legales y morales en el pueblo hebreo, que se había liberado poco antes de la esclavitud en Egipto, después de cuatrocientos años. Para la mayoría de las personas es un libro árido y tedioso; pero, en las manos de Rob, el Levítico cobraba vida como nunca antes de un modo gráfico, relevante y brillante. A la gente le encantaba, le rogaban a Rob que siguiera con ello y que hiciera toda una serie sobre él, y llegaban en tropel, con lo que su casa se les quedó pequeña rápidamente.

Fan de la banda Violent Femmes, de Banksy, de la literatura rabínica, del *paddle board* y de la moda del calzado deportivo, el éxito de Rob como pastor, escritor, orador y organizador de eventos fue el resultado de llevar lo inesperado a su púlpito. Y así es como él describía su tipo de eneagrama: «Un Siete es la primera persona en creer que la acción está en otra parte». En cierto modo, esa sensación le abrió la mente y el corazón a la espiritualidad. «Desde temprana edad, yo tenía una profunda sensación de maravilla y asombro, que me decía que aquí hay algo más que lo que se ve. Esa especie de materialismo reduccionista básico siempre me había parecido algo así como pasar del color al blanco y negro». Y todo el mundo sabe que el blanco y negro no es divertido. Aunque la naturaleza Siete de Rob le abrió los ojos al sentido de «más, más, más» de las maravillas del universo, también le volvía loco que «hubiera que pasar eso por el filtro» de un *establishment* religioso. Sin embargo, en vez de ceder la espiritualidad al *establishment,* agarró

---

2. Véase entrevista a Rob Bell, Premier TV, 22 de julio de 2008, disponible en www.youtube.com/watch?v=5KujG5Ww1bQ. También puedes comprar su audiolibro, *Blood, Guts, and Fire: The Gospel According to Leviticus* (Sangre, entrañas y fuego: El evangelio según el Levítico) en https://gumroad.com/l/blood-guts-fire

directamente el micrófono para reimaginar creativa e incansablemente qué significa hacer iglesia.[3]

Cualquiera que pase el tiempo suficiente con un Siete sabe que su contagiosa energía no se puede reprimir. Los Sietes son como Tigger desatado, mientras el resto de nosotros, Poohs e Ígors, vamos dando vueltas por el Bosque de los Cien Acres. El resto de los tipos estará siempre forcejeando por seguirles el ritmo tanto a nivel mental como físico, creativo o emocional. Cuando Bob Goff y su esposa, María, una Nueve serena y encantadora, se sentaron a charlar conmigo en el pódcast, María comentó: «Vivir con este hombre es como vivir con una central eléctrica. En cuanto se despierta por la mañana, la central eléctrica se pone en marcha y ya está listo para marcharse. Da igual si está resfriado o si acaba de sobrevivir a la malaria, o si tiene que hacer mil cosas ese día..., se pone en pie y va a por ello».[4]

María lo clavó: los Sietes no hacen varias cosas a la vez, sino que hacen simultáneamente un millón de cosas, mentalmente cuando no físicamente, y lo hacen a todas horas. Y como abogado, filántropo, humanitario internacional, educador universitario, autor de superventas, orador de alto nivel y relator de viajes a pie, Bob es un gran ejemplo. Lleva tantas cosas entre manos a todas horas que yo me siento avergonzado de decir que tengo la agenda llena. Con tanta energía sin límites, con una actividad mental constante y mojando en todos los platos, los Sietes parecen ser el tipo que cualquiera querría ser.

Hasta que te asomas por detrás de la cortina y te das cuenta de que el mago está tan jodido como tú.

Hace falta mucho combustible para hacer funcionar a un Siete, o, al menos, ésa es la historia que se cuentan a sí mismos. Nada nunca es suficiente. Están buscando siempre estimulación, siempre una experiencia nueva, algo grande por descubrir. El aburrimiento, la quietud y la inquietud son anatema para los Sietes, por lo que suelen extralimi-

---

3. Entrevista a Rob Bell, *Typology*, temporada 1, episodio 1, 6 de julio de 2017, disponible en https://typology.libsyn.com/01-rob-bell-an-enneagram-7-with-a-7-wing

4. Entrevista a Bob y María Goff, *Typology*, temporada 1, episodio 2, 13 de julio de 2017, disponible en https://typology.libsyn.com/episode-2-bob-maria-goff-the-beautifully -imperfect-marriage-of-a-9-7

tarse en sus compromisos y atiborrar su agenda tanto como su mente. Cada día tiene que estar tan repleto de actividades, placeres y pasiones como sea posible. Cada unidad finita de 24 horas contiene en sí el potencial para infinitas posibilidades.

Conscientes de su capacidad para hacer tantas cosas a la vez y siempre mirando hacia el futuro, los Sietes se muestran sorprendidos cuando el resto de los mortales somos incapaces de llevarles el ritmo. Siempre que he estado en eventos con Sietes, me he percatado de que, a veces, pasan por alto el hecho de que los demás viven en una frecuencia vibratoria diferente. La mayoría de las personas no pueden seguirles el ritmo y ni siquiera están dispuestas a intentarlo, dejando a los Sietes que lleguen a la conclusión de que, una vez más, son ellos los únicos responsables de satisfacer sus necesidades.

Supercargados y dirigiendo a la manada, los Sietes tienen que hacer un verdadero esfuerzo para conectar con los demás de aquellas maneras que el resto damos por sentadas, pues los Sietes se frustran pasando simplemente el rato y sin hacer nada, sobre todo con cónyuges, familiares y amistades íntimas. Estar en silencio juntos, descansar, vivir el instante presente junto con otras personas es parte de la experiencia humana de la intimidad. Sin embargo, pulsar el botón de pausa para disfrutar de estos momentos supone apagar la central eléctrica y abrirse a la posibilidad de que aparezcan pensamientos, sentimientos o recuerdos desagradables. Mejor patinar justo por delante de las grietas y dejar atrás todo lo que pueda ralentizarlos. Y si eso supone dejar atrás a otros y trae como consecuencia más soledad, pues más motivo para ir deprisa.

Los Sietes se irritan cuando se ven obligados a seguir rutinas y a repetir las cosas, y buscarán una vía de escape ante toda situación en la que se sientan confinados. Sortean hábilmente a todas aquellas personas o sistemas que creen que pueden imponerles limitaciones o pedirles que se adapten, y necesitan disponer de opciones y posibilidades, pasadizos ocultos que les permitan escabullirse del mundo encajonado en el que a veces se encuentran con los demás.

Los Sietes encontrarán la manera de rebelarse incluso cuando parece que se conforman. Son esas personas que parece que estén tomando notas incansablemente durante la ineludible conferencia de trabajo cuando, sin embargo, están escribiendo una novela. Son los empleados recién llegados que organizan el fondo común de la oficina para la Super Bowl. Pero esto no es un problema en sí en tanto los jefes o los compañeros de trabajo no tiren de rango y quieran que los Sietes se pongan en la cola. Entonces, los Sietes encontrarán el modo de mantener la integridad de su vieja historia que se cuentan a sí mismos buscando estimulación y escapes en cualquier otra parte, con frecuencia a través de sustancias o procesos adictivos.

De hecho, las conductas adictivas son un símbolo de la falsa narrativa del Siete, la de la exigencia impaciente de gratificaciones instantáneas por temor a no tener suficiente de aquello que creen necesitar. Ésta es la receta perfecta para la adicción o, si no es éste el caso, para lo que el eneagrama ha señalado tradicionalmente como la pasión del Siete: la gula. Cuando hablamos aquí de gula no estamos hablando necesariamente de comida, aunque muchos Sietes son hedonistas y amantes de la buena comida, sino del hecho de que son insaciables en todos sus apetitos. Nada es nunca suficiente: comida, bebida, éxito, sexo, fama y símbolos de estatus. Evidentemente, lo irónico y lo trágico de todo esto es que cuanto más arrojan a ese agujero vacío de su interior, más profundo se hace. Y, frustrados por no poder seguir reprimiendo su sombra, los Sietes se vuelven imprudentes y pierden el control, yendo de un extremo a otro entre las conductas maníacas y la ansiedad.

Por asombrosos, creativos, dinámicos, inspiradores e innovadores que puedan ser los Sietes, no van a poder mantener tal nivel sin tener en cuenta el precio que pagan por ello y sin enfrentarse a su sombra. Enfrentarse a los defectos del carácter no es agradable, y genera cierto temor en las personas que desean evitar el dolor. Dicen que «Lo que más deseas encontrar lo encontrarás en los lugares donde menos deseas mirar».[5]

Despertar: Determinar el precio

Si no es un descenso a los infiernos de la adicción lo que lleva al Siete a un punto de ruptura, será mediante una experiencia que no puedan

---

5. Esta frase se le atribuye popularmente a Carl Jung, pero probablemente sea una paráfrasis, y no es fácil encontrar la referencia precisa.

replantear positivamente. Con el tiempo, chocarán contra un muro que los obligara a tomar conciencia de sí y a cuidar de sí mismos. No es una cuestión de si ocurrirá, sino de cuándo ocurrirá. Podría desencadenarlo una enfermedad o una lesión que incapacite su superestresado y desatendido cuerpo, el colapso de varios proyectos a un tiempo o, simplemente, la fatiga mental que proviene de la freiduría de circuitos que supone estar siempre corriendo al máximo de sus capacidades. Fracasos en las relaciones y enfrentamientos o intervenciones de cónyuges y amistades a menudo fuerzan a los Sietes a sumergirse finalmente en el trabajo interior que se han pasado la vida eludiendo.

Además de descanso, tranquilidad y reflexión, también será importante poner coto a la insaciabilidad. Rob Bell comentó, «Los Sietes pensamos en si podremos llegar allí. Si podremos hacer esto o lograr aquello». Y entonces serán felices, en teoría. Pero Rob sabe que eso es un espejismo. «Es como la canción de Jay-Z, *Onto the Next One* (A por el siguiente), es vivir con anticipación hasta el siguiente gran subidón».

En ocasiones, vivir mucho y con mucha rapidez puede ser algo extremadamente bueno para los Sietes, y no sólo una caída en barrena, un colapso. «De algún modo, para mí fue una bendición […]. lo que podría percibirse como un tremendo éxito precoz», comentó Rob. Tuvo «un choque existencial en una fase temprana de la vida», cuando empezaba a preguntarse ¿adónde lleva todo esto? Estaba conociendo a más personas, haciendo más viajes y recibiendo más elogios, «y nada de esto me llevaba a ninguna parte. Era peor que nunca». Sin embargo, con el tiempo, Rob descubrió la clave para cambiar su historia de Siete triunfador pero desdichado: «Me estoy perdiendo la vida con todo lo que desde fuera se ve como un éxito. Me la estoy perdiendo. Me la estoy perdiendo».

Como consecuencia del despertar a su vieja historia, Rob, como todos los Sietes en desarrollo, comenzó a tomar decisiones, a reducir opciones y a centrarse en lo que hace mejor y lo que más le preocupa. Los Sietes saben que están madurando cuando se detienen a recobrar el aliento y empiezan a decirse que no sin lamentarlo ni cuestionarlo. Cuando se toman tiempo para examinar su vida, terminan por aceptar pérdidas clave y traumas no reconocidos, hacen el duelo por aquello que no tuvieron en su infancia y deberían haber tenido, y asumen que no hay nada que puedan hacer para cambiar el pasado. Se dan cuenta de que no hay nada ahí fuera que les llene: ni pasar el rato con el Dalái Lama, ni escalar el Everest, ni poner en marcha otro canal de YouTube, ni hacer el Camino de Santiago ni comprarse más calzado de diseño.

Por desgracia, muchos Sietes no hacen balance de costes de su vieja historia hasta que saltan las costuras, hasta que tocan fondo; hasta que su cónyuge o pareja les deja por otra persona más profunda, más dispuesta a reflexionar y a cultivar la intimidad; hasta que su cuerpo exige descanso y atención. Pero en cuanto dan la vuelta a la esquina, los Sietes disfrutan del equilibrio que proviene de aceptar todas sus emociones y experiencias. Descubren que rutinas y estructura pueden estimular el crecimiento tanto como el cambio y la innovación. Se percatan de cuánto pueden dar a los demás sólo con que pisen el freno y se centren.

En cuanto están dispuestos a iniciar una nueva historia. Los Sietes se dan cuenta de que la verdadera aventura acaba de empezar.

Reescribir: Elabora tu nueva historia

Hay por ahí una cita de *sir* Richard Branson que dice: «Si la felicidad es el objetivo –y debería serlo–, las aventuras deberían tener la máxima prioridad». Branson habla como un verdadero Siete que ha triunfado en el mundo de los negocios y tiene los ojos puestos en el viaje espacial. Pero los Sietes no necesitan ir a la Luna para dejar espacio para su nueva historia. En cuanto están dispuestos a examinar su configuración por defecto, ralentizan el ritmo interior y exteriormente, comienzan a vivir el instante presente y descubren la paz que hasta entonces los eludía. Descubren que la mayor aventura se halla realmente dentro. Una forma de ver todo esto es que los Sietes suelen tener miedo a perderse algo, a perderse la siguiente aventura, la siguiente oportunidad, la siguiente experiencia. Pero los Sietes con una nueva historia se dan cuenta de lo que hizo Rob Bell: que lo que queremos ya está aquí y que nos lo vamos a perder si no miramos dentro.

En su nueva historia suele haber un componente profundamente espiritual, algo que creo que necesitan todos los tipos para su transformación, pero especialmente los Sietes. Los Sietes que habitan en la Gran Historia creen que Dios los sustentará cuando aparezcan situaciones o sentimientos difíciles. Se percatan de que no están solos y que otras personas satisfacen de hecho sus necesidades. Son conscientes de que más grande ya no es mejor, y que lo innovador no siempre supera a lo tradicional. Los Sietes maduros se deleitan estando en el presente sin distracciones cuando ayunan de la sobrecarga de estimulación en la que se sustentan. Shauna Niequist lo expresó de una manera muy hermosa, «Casi siempre acierto cuando digo, "Puedo pasar sin eso. Opto por no hacer aquello. Opto por ir más despacio, opto por la calidad en lugar de por la cantidad. Opto por conectar con uno en contraposición a conectar con muchos"».

Shauna está hablando aquí de un aspecto clave de la virtud del Siete, que es la sobriedad. Sobriedad no suena muy divertido, pues conjura imágenes de abstemios adustos y puritanos que quieren aguarnos la fiesta. Pero la sobriedad es el camino hacia la libertad de los Sietes. De lo que se trata es de resistir la tentación constante de más, más, más y reposar en la certeza de que ya hay suficiente. Como la maestra del eneagrama y escritora Alice Fryling dice, «sobriedad significa tomar sólo lo que necesitamos».[6] Las personas sobrias no huyen del dolor, sino que lo reconocen como un hecho de la vida que los lleva a apreciar mucho más el gozo.

Dado que evitar el dolor es una forma de vida para los Sietes no evolucionados, honrar el dolor poniéndole una silla delante de la mesa va a ser un acto deliberado de *agere contra*. Sin embargo, los Sietes se desarrollan de una forma vibrante como individuos y adquieren un atractivo aún mayor a medida que descubren la libertad que se deriva de la aceptación del dolor y el sufrimiento como parte de la vida. Ya no necesitan ser el centro de atención, y pueden escuchar a los demás y permanecer con ellos en su pérdida y su dolor, porque estos Sietes de nueva historia no tienen necesidad de entretener ni de divertir a los demás cuando éstos están en dificultades, sino que pueden estar a su lado. Además, se toman tiempo para sí mismos y practican el estar presentes. El descanso y el *sabbat* se convierten en parte de su agenda

---

6.   FRYLING, A.: *Mirror for the Soul, op. cit,* p. 80.

con el fin de restablecerse y conservar el equilibrio. Viviendo su nueva historia, los Sietes siguen siendo agentes de creación y siguen manteniendo su incansable curiosidad, y nos siguen deleitando a todos con su humor espontáneo y sus brillantes ideas, mientras alientan nuestra esperanza con su infantil capacidad de asombro.

Ideas para la nueva historia del Siete

Los Sietes realizados disponen de una profundidad y una gravedad en su nueva historia que les permiten disfrutar de la riqueza de la vida y de todo el espectro de las emociones humanas, pues ya no huyen corriendo de sí mismos, del dolor ni de la verdad. Aceptan que no hay nada que este mundo pueda ofrecerles para calmar el hambre que hay en sus corazones. La gula y el vacío han sido reemplazados por la sobriedad, el alimento espiritual y el servicio a los demás. Acogen el sufrimiento de los demás como propio y los alimentan con renovadas fuerzas sin necesidad de pronunciar una palabra. Al final, les basta simplemente con ser.

Si eres un Siete y buscas esta paz, comienza por lo más básico. Haz un inventario sincero de tus excesos en «voy a»: comer, beber, coleccionar, comprar, viajar, apostar, mirar Instagram o cualquier otra cosa en la que te sumerjas para no sentir tus decepciones, tu pena, tu miedo o tu ansiedad. Haz un plan para desarrollar la moderación en el que cuentes con otras personas que te den apoyo y ante los cuales rendir cuentas de forma constructiva.

Busca la soledad alejándote de la gente y estando a solas contigo mismo. Deja las distracciones y dedica tiempo para arraigar en el presente y tomar en consideración lo que significa para ti la vida y qué quieres tú que signifique. Escribe en tu diario al menos dos o tres veces por semana y céntrate en los sentimientos, situaciones y conflictos desagradables que has estado evitando. Detállalos de forma abierta y sincera, sin intentar ser gracioso, irónico, sarcástico, divertido o profundo. Tu diario no lo escribes para que lo lean otros, de modo que no te sorprenda si te encuentras con que todos los temores que has estado reprimiendo emergen de pronto a la superficie. Simplemente, reconócelos y toma conciencia de que eso es algo normal.

Si, como muchos Sietes, tu energía te lanza en múltiples direcciones, piensa que una parte del cultivo de la sobriedad estriba en estar presente de forma consciente con una sola persona o cosa a la vez. Y cuando tomes en consideración todas las cosas que tienes que hacer cada mañana, elige tres de tus prioridades para llevarlas a cabo antes de pasar a las demás. Y las que no puedas hacer hoy, déjalas para mañana. Al término de la jornada, echa un vistazo de nuevo a esa lista y siéntete orgulloso de todo cuanto has llevado a su conclusión.

Establécete hábitos que te ayuden a seguir adelante en lugar de acelerarte. Termina el libro que estás leyendo antes de ponerte a leer otro. No te compres otras zapatillas deportivas en tanto no hayas desgastado las que ya tienes. Termina ese relato corto antes de sumergirte en la novela que sueñas escribir.

Por otra parte, comprométete a hacer ejercicio físico regular para quemar energía y calmar tu mente. Los deportes basados en movimientos repetitivos, como la natación, el senderismo, el ciclismo, el surf, el *paddle board* o el remo, son muy buenos para relajar la mente y disipar tu habitual cháchara mental.

Conviene que sepas que, en tus relaciones íntimas, tienes mucho que ofrecer a los demás más allá de ser el alma de la fiesta. La próxima vez que te pongas a animar a alguien con tu encanto y tu buen humor, pulsa el botón de pausa y tómate un respiro. Piensa por un momento en si lo que necesita esa persona en ese momento es que la animen. Quizás necesita más que la escuchen, que la acepten y la consuelen, y no que la sorprendas con tu habitual repertorio de trucos.

Si existe la disposición a reflexionar y redirigir el enfoque, los Sietes de nueva historia descubren la fuerza suficiente como para enfrentarse a su tristeza y su dolor, y para procesarlos. Ya no evitan las confrontaciones ni se resisten a asumir culpas y responsabilidades. Exhiben una sabiduría profunda que les permite mantenerse en pie seguros, sin huir de aquello de lo que no pueden escapar. Y, a medida que crecen y cooperan con su nueva narrativa, empiezan a escribir un relato digno de su verdadero yo.

12

La Gran Historia
Vivimos restaurándonos

«Todas mis personas favoritas están rotas.
Créeme. Mi corazón tiene que saberlo».

—OVER THE RHINE[1]

Hace algunos años, mi amigo, el artista Mako Fujimura, me hizo uno de los más extraordinarios regalos que jamás me hayan hecho: una taza de té rota del siglo XIX. «¡Vaya tipo! –quizás pienses–. ¿Por qué no te regaló también unas cuantas flores marchitas?».

Pero es que no era una pieza de cerámica normal y corriente.

Hace 150 años, la abatida dueña de esta taza la llevó a un maestro artesano para que la reparara mediante la antigua técnica del kintsugi, el arte japonés de restaurar piezas rotas de cerámica utilizando barniz de resina espolvoreado con fino polvo de oro.

Este pequeño cuenco de té me dejó sin aliento. En lugar de disimular la tela de araña de sus fracturas, el artesano las rellenó con oro relu-

---

1. De la letra de la canción *All my favorite people,* de la banda de folk estadounidense Over the Rhine. *(N. del T.)*

ciente, como si quisiera destacarlas y celebrarlas de algún modo. Paradójicamente, el resultado era un cuenco transformado en algo más resistente y hermoso de lo que era antes de romperse. Según la tradición, la agradecida propietaria de la taza la habría llevado de vuelta a su hogar y la habría exhibido orgullosamente en un lugar de honor, para deleite y admiración de todos los visitantes.

«El hombre nace roto. Vive restaurándose. La gracia de Dios es el pegamento». Esto es lo que el dramaturgo Eugene O'Neill dijo en cierta ocasión a través de un personaje de su obra *The Great God Brown* (El gran dios Brown), y tenía razón. Al igual que la taza de té, todos nacemos rotos. Y no pasa nada. No es culpa nuestra. Simplemente, el mundo es así. Pero lo bueno es que, como hizo el maestro de *kintsugi*, Dios puede reparar las fisuras de nuestro corazón con su gracia restauradora. Él puede hacernos «mejor que nuevos».

La Gran Historia

No hace mucho fui invitado a dar una charla en un congreso de una iglesia grande acerca del modo en que los líderes de culto modernos podrían incorporar la liturgia y los sacramentos antiguos en sus servicios dominicales. Terminé mi charla con una celebración de la eucaristía, intentando demostrar cómo puede traerse la Sagrada Comunión a nuestros tiempos para llevar a la gente ante la presencia de Dios. Sin embargo, para ser sincero, yo me preguntaba si mi presentación conectaría con los 1500 líderes de culto de 22 años presentes, que están acostumbrados a la interpretación de cuatro canciones de alabanza acompañados por bandas de primer nivel, en escenarios con luces y con las letras de las canciones proyectadas en pantallas gigantes.

Pues, bien, la experiencia resultó profundamente conmovedora, tanto para mí como para la asamblea de jóvenes con vaqueros ajustados a la que tanto cariño había llegado a tener en aquellos tres días. Al término del servicio, fui al auditorio para expresar mi gratitud y despedirme de los participantes del congreso. Pero, entonces, al mirar al escenario donde había hecho la eucaristía, me di cuenta de que los remanentes del pan de la comunión ya no estaban sobre la mesa, y me entró el pánico.

En la tradición episcopal, el pan consagrado de comunión se considera sagrado, y lo que sobra, o bien tiene que consumirlo el sacerdote o bien tiene que ser cuidadosamente desmenuzado y reverentemente devuelto a la tierra. Cuando pregunté al organizador del congreso dónde estaba el pan, me dijo: «Creo que el equipo del escenario lo tiró a la basura».

Jesús ya no estaba en el edificio.

Dos minutos más tarde, yo estaba en el fondo de un contenedor de basura chapoteando en un palmo de agua fétida, mientras un grupo de confusos pastores de culto no confesionales me miraban rescatar panes de comunión hinchados que se balanceaban como corchos de vino en un mar de jugo de basura. No voy a ocultar que yo estaba un tanto malhumorado.

Pero entonces me di cuenta. Obviamente, Jesús estaba en la basura: ¡éste es el quid de la Gran Historia de Dios! Es el relato verdadero de un Dios que se zambulló voluntariamente en este mundo caído, y tan frecuentemente convertido en un vertedero, para restaurarnos y redimirnos. Y aunque seguimos llevando las inevitables fracturas y cicatrices de la vida, Dios las rellena con un amor abrumador, dándonos esplendor. Y entonces, al igual que Cristo, traspasado y resucitado, podemos exhibir orgullosamente nuestras restauradas heridas ante las gentes del mundo y decirles que ellas también pueden ser restauradas.

Pero ¿cuál es nuestra parte del trato? Nuestra parte es ver y deconstruir la vieja historia que nos hemos contado a nosotros mismos, asumir nuestra belleza y nuestra fragilidad, darnos cuenta de cómo esa vieja historia nos ha limitado y reescribir audazmente una nueva narrativa que sintonice y encaje con la gran historia redentora de Dios.

Pero hay más.

Como decía mi mentor, Jack, la transformación comienza cuando «dejamos que Dios haga por nosotros lo que no podemos hacer por nosotros mismos». Es decir, cuando permitimos que la gracia nos descargue de nuestra historia de infancia arcaica y fragmentada, algo que en cada tipo del eneagrama tiene un aspecto diferente.

Cuando los Reformadores encuentran un hogar en la Gran Historia, se percatan de que el amor que Dios siente por ellos no viene de sus logros en el perfeccionamiento de sí mismos, de los demás o del mundo. Ésa es la premisa subyacente de aquella vieja narrativa que aplastaba su alma. Sabrán que están viviendo en una historia nueva cuando tomen conciencia de la pasión de la ira, que ha estado gobernando su existencia, y comiencen a vivir de manera natural la virtud de la serenidad, que llega cuando aceptan que el mundo es «perfectamente imperfecto». Al igual que ellos, que pueden estar agrietados y a la vez ser redimidos. ¡Ánimo, Reformadores: la mayoría de vuestros errores son delitos menores, no delitos graves! Como dijo en cierta ocasión Julia Child, «Si estás solo en la cocina y se te cae el cordero, siempre lo puedes recoger del suelo. No se va a enterar nadie».[2]

Los Serviciales que habitan en la Gran Historia de Dios saben que el amor de Dios y el amor de los demás no se puede ganar mediante la generosidad estratégica. Ése es el desgastado relato que se contaban. Creen en la promesa de que Dios los ama (y que le caen bien a Dios) sin condiciones. Los Serviciales que han encontrado un hogar en la Gran Historia de Dios han despertado del trance de su pasión, el orgullo, y han aprendido a practicar la virtud de la humildad. Admiten sin reparos que, como todos los demás, necesitan ayuda para moverse por la vida y que no disponen de los recursos necesarios para ayudar o rescatar a todo el mundo. Recuerdan que hasta Jesús se echaba a dormir la siesta. Pueden descansar.

Los Realizadores en la Gran Historia de Dios se convencen finalmente de que su valor no estriba en una productividad inagotable, en alcanzar metas o ganarse la admiración de las masas. Los Realizadores de nueva narrativa ya no se dejan amedrentar por la pregunta, «¿Qué más tengo que hacer o lograr para darme cuenta de que tengo la estima de Dios y de la gente?». Ahora, confían en la palabra de Dios, que les dice, «Te amo, y quiero que seas lo que eres», como escribió san Agus-

2. Citada por Ann Trieger Kurland en el *Boston Globe, online,* disponible en https://bostonglobe.com/2020/11/17/lifestyle/fans-adore-quoting-julia-child -often-get-it-wrong-this-book-can-help/, actualizado el 17 de noviembre de 2020.

tín. Al rechazar el canto de sirena de su pasión, el engaño, y cultivar la virtud de la autenticidad, los Realizadores restaurados ya no enmascaran su verdadero yo para engañar al mundo y hacerle creer que son el parangón del éxito. Han probado el gozo de la autenticidad. Han vuelto al hogar.

Los Románticos que viven en la Gran Historia de Dios saben que se los ve y que son dignos de ser tomados en consideración. Han dejado de aferrarse a los sentimientos de deficiencia o abandono, y su búsqueda de la innombrable «pieza perdida» ha quedado atrás. Ahora se revelan en su bondad e integridad original. Los Románticos que habitan la Gran Historia de Dios se desprenden constantemente de la pasión de la envidia, dejan de compararse con los demás y de sentirse inferiores. Y como ya no se identifican en exceso con sus sobredimensionados sentimientos, pueden practicar la virtud de la ecuanimidad. Ahora, se enfrentan erguidos y en calma ante los temporales de la vida. Por fin están dispuestos a ser felices.

En la Gran Historia de Dios, los Investigadores se dan cuenta de que retirarse a la fortaleza de su mente no les va a proporcionar la seguridad definitiva, ni les va a salvaguardar de las agobiantes exigencias de un mundo intrusivo. A medida que se alejan de la pasión de la avaricia y encarnan la virtud del desapego, dejan de ser rehenes del miedo a no disponer de suficiente energía o recursos para vivir la vida plenamente. Ya no se aferran a creencias, conductas u objetos que creían que los protegían: minimizando sus necesidades, limitando el tiempo que dedicaban a los demás o atesorando conocimientos, privacidad, recursos materiales, información personal y espacio físico. En la Gran Historia de Dios, los Investigadores han renunciado a la mentalidad de escasez y han conectado con la abundancia que se encuentra en la interconexión con todas las cosas.

Cuando los Leales desechan su vieja historia y se suscriben a la Gran Historia de Dios, se toman a pecho las palabras del escritor Frederick Buechner, «Aquí está el mundo. Ocurrirán cosas hermosas y cosas terribles. No tengas miedo».[3] En su nueva historia, los Leales se despren-

---

3. Buechner, F.: «Grace», en *Beyond Words*. HarperOne, San Francisco, 2004, p. 139.

den de la pasión del miedo y se abrazan a la virtud de la fe. Ahora confían en que Dios los sostendrá en sus manos y están seguros también de que disponen de la sabiduría interior y de la fortaleza necesarias para enfrentarse a los peligros de la vida. Los Leales de nueva historia son más decididos, y no dependen en exceso de personas o cosas externas para orientarse. Tienen fe en Dios y en sí mismos.

Los Entusiastas que viven en la Gran Historia de Dios ya no sienten ese vacío interior que necesitaban llenar frenéticamente con más (y más y más) cosas para no sentir dolor. Son conscientes de su pasión, la gula, y ponen la vista en cultivar la virtud de la sobriedad. Por otra parte, se ha enfriado su inflamado deseo por la estimulación intelectual, las hazañas divertidas, las experiencias emocionantes y la diversión. Estos Entusiastas de nueva historia están aprendiendo a vivir en la verdad del instante presente, y entienden que la mayor de todas las aventuras es explorar todo el rango de las experiencias y los sentimientos humanos, tanto placenteros como dolorosos.

Los Desafiadores que habitan la Gran Historia de Dios han visto y han asumido que la pasión de la lujuria los tenía controlados. Ahora, en lugar de ir contra los demás, se acercan valientemente a ellos con el corazón en la mano. Y dado que no temen volver a sufrir el dolor del pasado, los Desafiadores de nueva historia se deshacen de la pasión de la lujuria y encarnan la virtud de la inocencia. Al igual que los niños, se abren al mundo, experimentan el simple placer de estar vivos y deciden por propia voluntad conocer y seguir la voluntad divina.

Los Pacificadores que viven en la Gran Historia de Dios saben que son importantes. En lugar de disolverse en la agenda de otras personas o colectivos, estos Pacificadores se transforman en seres humanos individualizados, plenamente conscientes de la claridad de su propia voz, de sus propios deseos, de sus preferencias y prioridades. Estos Pacificadores ya no arrastran los pies por el mundo debido a la pasión de la pereza, sino que caminan a zancadas hacia la virtud de la acción justa. Ahora invierten en su propio desarrollo personal y, en vez de retroceder ante el conflicto, valoran su poder para establecer conexiones. Su tranquila presencia es una bendición para el mundo.

Abandonar nuestra vieja historia y entrar en la Gran Historia de Dios supone un arduo trabajo. Lleva tiempo. Y quizás sientas la tentación de echar la vista atrás y lamentarte de todos los años que pasaste en aquella ficción desdichada, creyéndote las mentiras que te decías de ti mismo y del mundo, mentiras que tanto dolor te causaron a ti y a los demás. Si esto sucediera, recuerda las palabras de Maya Angelou, «Perdónate por no saber lo que no sabías hasta que lo descubriste».[4] Yo me consuelo muchas veces con estas palabras.

Por último, no creas sólo en Dios, sino también en ti mismo. Puedes hacerlo. Si te abrumara el temor a desprenderte de esa vieja, aunque cómoda, historia, o si temes fracasar en esta sagrada empresa, repítete: «Aquél en quien me estoy convirtiendo me terminará atrapando».[5]

Hay una bendición parecida a un mantra que me gusta transmitir en un susurro a todas las personas con las que me cruzo por la calle en mi ciudad, Nashville. Se la digo también a los viajeros con los que me encuentro en los abarrotados aeropuertos. Entono esta bendición en las cafeterías, e incluso se la lanzo a aquellos conductores que se me cruzan por delante cuando voy por la autopista. Y ahora invoco esta bendición modificada para que caiga sobre todos nosotros, mientras nos lanzamos a la demanda que supone habitar esa historia más grande, mejor y más auténtica que nos espera.

Que tengamos amor.
Que tengamos alegría.
Que tengamos paz.
Que tengamos sanación.
Que tengamos descanso.

Y que la emancipación de nuestras viejas historias merced a la libertad de nuestra Gran Historia sea un viaje lleno de esperanza y de fe renovada en la posibilidad de una transformación irreversible.

---

4. Maya Angelou, entrevistada por Oprah Winfrey, *Super Soul Sounday*, OWN, Ep. 416, 19 de mayo de 2013.

5. Frase atribuida al rabino polaco del siglo XVIII, Baal Shem Tov, fundador del movimiento espiritual judío conocido como hasidismo.

Agradecimientos

Este libro no se habría escrito sin el amor, la paciencia, el apoyo y la bondad de mi sufrida esposa, Anne.

Vaya también mi agradecimiento a mi agente literaria e incansable defensora, Kathy Helmers; a mi brillante editora, Jana Riess; y a Dudley Delffs, cuya ayuda en las primeras fases de la escritura de este libro permitieron que éste despegara del suelo. Estoy muy agradecido al trabajo de Mickey Maudlin y al equipo editorial de HarperOne, y me siento orgulloso de que le dieran un hogar a esta obra.

En mi trabajo cotidiano, yo estaría perdido sin mi asistente, Wendy Nyborg, sin mi querido amigo y productor del pódcast *Typology*, Anthony Skinner; sin mi equipo de dirección, Jay King, John Meneilly y Morgan Careny; sin mi director comercial, Jason Childress; y sin mi mentor de los doce pasos, Steve L., que me ha salvado la vida en más de una ocasión.

También quiero dar las gracias a mis amables y cariñosos amigos y amigas, especialmente a Steve y Deb Taylor, a Randy y Katie Williams, Michael y Julianne Cusick, Chris y Laurel Scarlata, Mary Gauthier, Ashley Cleveland, a la reverenda Becca Stevens, al reverendo Scott Owings y a mi familia de la capilla de San Agustín. Estoy agradecido a mis perros de «apoyo espiritual», Percy y Pip. Finalmente, quiero expresar mi más humilde gratitud a todas las personas que tan valientemente compartieron sus historias en *Typology*.

Índice